MAISON
DE BOUILLÉ

BORDEAUX
IMPRIMERIE A.-R. CHAYNES,
rue Montméjan, 7.

1857

MAISON DE BOUILLÉ

ARMES : *aux 1ᵉʳ et 4ᵉ d'argent, à la fasce de gueules, frettée d'or, accompagnée de deux burelles de gueules qui est de* BOUILLÉ; *aux 2ᵉ et 3ᵉ de gueules à la croix ancrée d'argent, qui est* DU CHARIOL.

DEVISES : *A vero bello Christi. — Tout par labeur.*

CRI DE GUERRE en Auvergne : *Le Chariol !*

1857

AVANT-PROPOS

Aucun membre de notre famille ne possède aujourd'hui de propriété dans le Maine ou en Auvergne, nos anciennes provinces. Comme ces feuilles d'automne la veille encore entourant le vieux chêne qui les a vu naître, et qu'on retrouve le lendemain d'une nuit d'équinoxe, tombées au loin dans les directions les plus opposées, la révolution française, véritable ouragan social, nous a tous dispersés aux quatre vents du ciel.

Le Vicomte de Bouillé et son fils aîné le Comte Charles de Bouillé sont fixés en Nivernais; le Comte Roger de Bouillé, son second fils, habite le Poitou; le troisième, le Comte Henri de Bouillé sert en Algérie comme officier d'état-major. Le Comte Arthur de Bouillé est retiré depuis 1830 dans la Vendée; son fils, le Comte Fernand de Bouillé s'est fait Breton depuis son mariage, et demeure à Nantes. Le Marquis de Bouillé et son fils le Comte Louis de Bouillé sont établis à Paris. Il en est de même du Comte Jules de Bouillé.

Quant à moi, je me suis vu, il y a une vingtaine d'années, transplanté sur les bords de la Garonne, et tout semble annoncer que je finirai aussi mes jours loin du berceau paternel.

Si je passe aux demoiselles de Bouillé en ce moment mariées, je trouve la Vicomtesse de Maumigny et la Baronne de Marcy, demeurant l'une et l'autre, comme leur père, dans la Nièvre. — Mme de La Guichardière, fille du Baron de Bouillé, mort il y a deux ans, est fixée à Dinan.

Je mentionnerai également trois veuves : la Comtesse de Bouillé, ma mère, et la Comtesse François de Bouillé, habitant toutes les deux Paris, et la Baronne de Bouillé, retirée en Bretagne auprès de sa fille.

En dehors des personnes que je viens de nommer, nous n'en reconnaissons aucune autre comme nous appartenant. Il existe bien plusieurs familles tout-à-fait étrangères à la nôtre, qui, ayant eu des terres du nom de *Bouillé,* en ont pris le nom, telles que l'Eshénaut de Bouillé, en Anjou, et Païs de Bouillé, en Lorraine. En déclinant ici toute communauté d'origine avec elles, ma pensée n'est point de contester le moins du monde par là leur ancienneté; j'ai seulement dû faire connaître à quel titre elles portent le même nom que nous (1).

COMTE DE BOUILLÉ.

Bordeaux, le 1er Juillet 1857.

(1) Il y a eu nombre de terres du nom de *Bouillé,* non-seulement dans le Maine, mais même en Anjou et en Poitou. Celle de Bouillé-Mesnard, en Anjou, était avant la révolution la propriété de M. le vicomte Walsh de Serrant, père de Madame la marquise de Bouillé.

MAISON DE BOUILLÉ

—

La maison DE BOUILLÉ, par l'ancienneté de sa race, l'éclat de ses alliances, l'illustration historique de plusieurs de ses membres, doit incontestablement marquer au nombre des premières et des plus nobles du royaume. Originaire du Maine, elle était connue dès le Xme siècle dans les provinces de l'Anjou, de la Normandie, de la Bretagne et même de l'Auvergne, où quelques-uns de ses membres se trouvaient déjà établis.

Un vieux dicton du Maine était : *Bouillé, ancien comme le Mans*. On y disait aussi en parlant des principales maisons de la province : *Noble Vassé, Pauvre Tessé, Riche, Puissant BOUILLÉ*.

Le Prieur de Noyers infère d'une charte Manselle antérieure à l'année 1048, que les sires DE BOUILLÉ devaient descendre des anciens vicomtes de Saumur, vidames du Maine et de Nantais. (Manuscrits de Paulmy d'Argenson, liasse C, n° 106-33).

GAUVAIN DE BOUILLETZ est désigné comme fils de Pierre de Saumur dans le Mémorial de Saint-Serge.

L'orthographe du nom de cette maison a varié au point qu'on le trouve écrit dans les vieilles chartes et les anciens titres : tantôt BOULIER, tantôt BOLHJER, BOUILLERS ou BOUILLETZ, et même BOTHERS; mais le mot latin, soit au Maine, soit en Auvergne, a toujours été le même : BOLLERII; quelquefois seulement, BOLLERIOE ou bien BOLLERIUS.

L'étymologie des premières appellations est évidemment germanique. Comme la plupart des anciennes familles de notre pays, la maison DE BOUILLÉ tire sans doute son origine de l'un de ces chefs francs qui, sous la conduite de Pharamond ou de Mérovée, envahirent les Gaules et s'en partagèrent le territoire, au Vme siècle de notre ère, lorsqu'eut lieu la grande débâcle des barbares sur l'empire romain.

Différents actes constatant l'ancienneté de la maison DE BOUILLÉ se trouvent insérés aux manuscrits latins de la Bibliothèque impériale : un acte de donation inséré au Cartulaire 179, intitulé : *Liber de honoribus sancto Juliano collectus*, chapitre de Brioude, folio 224, verso. Cet acte ne porte point de date positive ; mais il se trouve placé dans le volume entre deux autres actes, datés, l'un de trois ans après l'expulsion du roi Charles-le-Simple et l'élection illégale de Raoul comme roi, anno 927, folio 224, verso; l'autre, de Robert, roi des Francs, anno 996.

Un autre acte, une fondation, copié sur l'original, par Baluze, n° 54,547, verso 1050-1, concernant ILDIN DE BOUILLÉ (BOLLERII).

Un autre acte de donation à l'abbaye de Sauxillanges, daté de 1105, est signé par ROBERT DE BOUILLÉ et DALMAS DOMINICI. (Mêmes manuscrits, folio 145).

Un autre, une charte concernant la même abbaye et datée de 1111, est signée GUILLAUME DE BOUILLÉ (BOLLERII). [Mêmes manuscrits, folio 169.]

Un autre de 1127, concernant la même abbaye et signé DURAND DE BOULIER (BOLLERII), [Mêmes manuscrits, même folio.]

Un autre de 1155, concernant l'abbaye de Montpeyroux, où comparaît PIERRE BOUILLETZ *(nobilis vir Petro BOUILLETZ)*. etc. [Extrait du *Galia christiana*, édition de 1720, tome 2, page 399] (1).

---

(1) Nous perdîmes à l'époque de la révolution d'anciens titres de famille d'une grande importance; quelques-uns de ces papiers avaient été cachés par M. le marquis DE BOUILLÉ lors de l'affaire de Varennes, dans le double fond de la caisse d'un régiment Allemand au service de la France, et qui se trouvait alors en garnison à Metz; mais on n'a jamais pu savoir depuis ce qu'ils étaient devenus, ce régiment ayant été bientôt après transformé en bataillons français. Les nouveaux chefs entre les mains desquels la caisse fut

La *Veterum scriptorum collectio* fait mention de prénoble et puissant PIERRE DE BOUILLÉ, qui vivait en 1099.

Le deuxième supplément de cette collection parle de JOUAN ou JEAN DE BOULHIER qui contractait le jour des saints martyrs Gervais et Protais (1147), au château de Saumur (Salmeris), avec ALAIN DE BRETAGNE, seigneur de DOL et vicomte de RENNES, au nom de MACLOVIE, sa femme, laquelle était nièce dudit vicomte de RENNES, ainsi

---

remise détruisirent très probablement ces papiers ou les envoyèrent aux autorités militaires d'alors. Nous eûmes, en particulier, à regretter la perte d'une généalogie faite avec le plus grand soin par M. Chérin, généalogiste des ordres du roi, pour les preuves de M. le marquis DE BOUILLÉ, comme membre de l'ordre du Saint-Esprit. Quoiqu'on n'exigeât que cent ans de noblesse, M. Chérin se plaisait en ces occasions, lorsque le sujet s'y prêtait, à produire les plus anciens titres des récipendiaires et à faire remonter aussi haut que possible les généalogies. C'est ce qui eut lieu pour celle-ci à laquelle il travailla avec d'autant plus de zèle et d'intérêt qu'il y trouvait ce qui l'encourageait le plus dans ce genre d'occupation : cette généalogie rapportait entr'autres plusieurs lettres autographes des rois Henri III et Henri IV, adressées à des membres de notre famille ou dans lesquelles il était question d'eux. D'autres titres, ces derniers concernant pour la plupart la branche à laquelle j'appartiens, avaient été déposés par mon grand-père chez un sieur Rousseau, homme d'affaires de M. le marquis DE BOUILLÉ. Ce malheureux fut guillotiné pendant les jours de la Terreur pour le seul crime d'avoir été chargé des affaires de mon cousin. Tout ce qu'il avait chez lui d'actes, de titres et de papiers appartenant à notre famille, fut brûlé sur la place de l'Hôtel-de-Ville, à l'exception de quelques actes de propriété ou de créances dont ces braves gens espéraient pouvoir tirer parti à leur profit. (G. B.)

que de Pierre, évêque de Dol, de Vannes et de Saint-Pol-de-Léon. JOUAN DE BOUILLÉ est qualifié : *Nobilis et potens vir, Dominus BOLLERII et condominus Salmerii.* (Sire de BOUILLÉ et co-seigneur de Saumur).

La filiation de la maison de BOUILLÉ, prouvée par des titres et des documents historiques, se suit sans interruption depuis JOUAN DE BOUILLÉ dont il vient d'être question.

La tige originelle ou branche aînée, qui n'a jamais quitté le Maine, avait fourni les rameaux puînés des comtes de Créance, en Cottentin ; des barons de Bourgneuf, des châtelains d'Assé, des seigneurs d'Onzemail, de La Valette, de Longbusson, de Saint-Benoist, au Perche, et de l'Isle-Berdière, en Anjou.

La branche cadette établie en Auvergne et connue sous le nom de BOUILLÉ, du Chariol, a produit les châtelains d'Altaroche ou Haute-Roche, devenus seigneurs du Chariol, barons d'Aurouze, d'Alleret et de Tinières, marquis du Clusel Saint-Ēble, seigneurs et châtelains de Rochefort en Valentinois, de Coulanges et de Saint-Geron, Vidières, Brugeac, Bourdelles, Authezat, Cousance et autres lieux. Cette branche est subdivisée par deux rameaux sortis d'elle en 1454 et 1590, comme on le verra plus loin.

La maison de BOUILLÉ avait récemment pour chef : FRANÇOIS-MARIE-MICHEL, COMTE DE BOUILLÉ, Pair de France, Maréchal-de-camp, Aide-de-Camp du roi Charles X, Gouverneur de S. A. R. Monseigneur le duc de Bordeaux, Gouverneur de la Martinique de 1825 à

1828, Chevalier des Ordres du Roi, Commandeur de la Légion d'Honneur, Chevalier de l'Ordre Royal et Militaire de Saint Louis et de ceux de Saint-Jean-de-Jérusalem et de l'Etoile Polaire de Suède, mort à Paris le 7 juin 1853.

Le COMTE DE BOUILLÉ n'a laissé qu'un fils :

JACQUES-MARIE-GASTON, COMTE DE BOUILLÉ.

ALLIANCES

Parmi les nombreuses alliances que la maison de Bouillé a contractées, nous ne citerons ici que les familles les plus illustres et les plus anciennes, telles que :

Branches du Maine. — Les maisons DE BRETAGNE, DE BAÏF, DU GUESCLIN (1), D'ESTOUTEVILLE (descendant des anciens Rois de Hongrie, éteinte dans Bourbon Saint-Paul), DE LA JAILLE-TALBOT (alliée aux maisons d'Anjou et de Craön), DE BEAUMANOIR (Bois-ton-sang, nom qui

---

(1) JEANNE DE BOUILLÉ, fille de JEAN, Seigneur DE BOUILLÉ, de la Morlière et de Brissarthe, en Anjou, fut mariée en 1365, à OLIVIER DU GUESCLIN, seigneur de la Morticerolle, de la Roberie, etc., cousin germain du connétable. Leur petite-fille, Catherine Du Guesclin, épousa en 1406 Charles de Rohan, prince de Guémenée, et de cette branche de la maison de Rohan descendait la grand'mère de l'infortuné duc d'Enghien, le dernier des Condé.

rappelle le combat des Trente), DE ROHAN-POLDUC, DE MAILLÉ-BRÉZÉ (2), DE LAVAL (devenue Montmorency-Laval), DE ROCHECHOUART-MAUZÉ (branche cadette des ducs de Mortemart), DE LA GUICHE, DU PLESSIS-RICHELIEU, DE FROULAY DE TESSÉ, DE GRANCEY-LE-VIDAME, DE PIENNES, ducs de HALLWIN, DE DAILLON, duc DU LUDE, DE COURTALIN, DE LA VALETTE, DE DAMPIERRE-LONGEAULNAY, DE TIGNÉ, DE TURPIN, DE MONTESSON, DU BELLAY D'YVETOT, DE BAILLEUL D'O, DE MARTEL, DE CERVON-DES-ARCIS, DE RIEUX, DE LA CROIX, etc.

Branches Auvergnates. — Les maisons D'URFÉ (alliée à la maison Royale de Savoie et à la maison Impériale de Lascaris), DE LÉRIN (des anciens comtes d'Urgel et de Barcelone), DE JOYEUSE (alliée à la maison de France ainsi qu'à celle de Lorraine) [3], DE CHALONS (qui porta par alliance à la maison de Nassau la principauté d'Orange), DE LANGEAC (issue des anciens comtes de Toulouse, éteinte en La Rochefoucauld), DE CHASLUX (issue des anciens com-

---

(2) JEANNE AMÉNARD DE BOUILLÉ, sœur de JEAN DE BOUILLÉ, seigneur de Chancé, fut mariée en 1425 à GILLES DE MAILLÉ-BRÉZÉ. De cette branche de Maillé-Brézé est issue Claire-Clémence de Maillé-Brézé, femme de Louis de Bourbon, prince de Condé, dit le Grand Condé.

(3) Si illustre sous les Valois, et qui donna un beau-frère à Henri III en la personne de son favori Anne, duc de Joyeuse, pair et amiral de France, tué à la bataille de Coutras et marié à Marguerite de Lorraine, sœur de la reine de France.

tes d'Auvergne), D'ESTAING (4), DE LA TOUR D'AUVERGNE (qui a donné Turenne à la France), DE CHABANNES (alliée à la maison de France et qui se glorifie du Maréchal de La Palisse), DE ROBERT DE LIGNERAC (ducs de Caylus), D'ALLÈGRE-TOURZEL, DE LA FAYETTE (5), DE LA ROCHE-AYMON, DE CHATEAUNEUF-RANDON, DE LASTIC, DE ROCHEFORT D'AILLY, DE TERRAUBE, DE TOURNON, DE

---

(4) Il est assez connu que Dieudonné d'Estaing, surnommé le Preux, était un des quatorze chevaliers qui s'étaient promis de garder et de garantir la personne de Philippe-Auguste à la bataille de Bouvines; et ce fut Dieudonné d'Estaing qui sauva la vie de ce prince, aussi bien que le bouclier du roi sur lequel un cheftaine étranger avait déjà porté la main. C'était pour perpétuer la mémoire de ce fait d'armes que Philippe-Auguste lui concéda son écu fleurdelisé, pour qu'il devînt à perpétuité les armoiries de la maison d'Estaing, la seule famille du royaume qui eût les armes de France pleines et sans autre brisure qu'un *chef d'or*. Les sires et comtes d'Estaing, successeurs de Dieudonné, le Preux, ont toujours fait porter à leurs gens la livrée du roi. Cette maison n'a fini qu'en 1794, dans la personne de Charles-Hector Dieudonné d'Estaing, du Terrail-le-Bayard, vicomte de Cheillannes, de Ravel et de Murol, baron de Vitrac, premier baron d'Albigeois, Grand d'Espagne de 1re classe, chevalier des Ordres du roi, vice amiral de France, etc., lequel avait hérité des noms, armoiries et domaines de la famille du chevalier Bayard, par succession de sa trisaïeule. Le comte d'Estaing a péri sur l'échafaud révolutionnaire en la dite année 1794, sans avoir eu de postérité masculine ou féminine.

(5) ALIX ou HÉLIS DE BOULIER, du Chariol, épousa sur la fin du XIIIe siècle PONS MOTIER DE LA FAYETTE, de Champestiers; elle fut l'aïeule du célèbre maréchal de La Fayette, vainqueur à Beaugé. La maison de Bouillé contracta dans le dernier siècle une nouvelle

GOTH (dont un membre, Bertrand de Goth, a occupé la chaire de Saint-Pierre sous le nom de Clément V), DU PRAT (illustrée par un chancelier de France, devenu Prince de l'Église), DE SAINT-AIGNAN, D'ESPARRON, DE LA ROÜE, DE ROCHEBRIAND (dont était saint Amable), DE CHAUVIGNY-BLOT, DE LA FAYE-MONTRAVEL, DE CLAVIÈRES SAINT-AGRÈVE, DE CHAVAGNAC, DE PONS, DE LA GROSLIÈRE Sᵀ NECTAIRE, DE BOURDELLES, D'ORADOUR, DE MURAT, DE LA GRANGE D'ARQUIEN, DE ROCHEBARON, D'HEUDICOURT, DE CONTADES, DE DALLET DE MÉZET (à laquelle appartenait Saint Alyre), DE BONCHAMPS, DE THIARD DE BISSY

CHARGES ET FONCTIONS REMPLIES

La maison DE BOUILLÉ a fourni des chevaliers bannerets, un amiral de Bretagne, un grand sénéchal de Nantois, des sénéchaux de la noblesse d'Auvergne, des cheftaines généraux du ban de la noblesse du Maine, de l'Anjou, de

alliance avec celle de La Fayette par le mariage de FRANÇOIS DE BOUILLÉ, DU CHARIOL, de Saint-Geron, avec MAGDELEINE DE LA FAYETTE, de Champestiers. C'est par suite de cette seconde alliance que M. le marquis de Bouillé, lieutenant-général et chevalier des Ordres du Roi, se trouvait cousin issu de germain de M. le marquis de La Fayette, que la révolution de 1789 a rendu si célèbre.

l'Auvergne, de la Marche, du Rouergue et du Quercy; un ambassadeur sous Louis X, un grand-fauconnier sous François Ier, des chambellans sous Louis X, Charles VI, Charles VIII, des conseillers privés, des grands baillis d'épée, des conseillers d'état, des capitaines de 100 et de 50 hommes d'armes, des gouverneurs de villes et de provinces, un général en chef sous Louis XVI, des lieutenants-généraux, des maréchaux de camp, un gouverneur-général des Antilles, un gouverneur de la Martinique, un membre des assemblées des notables en 1787 et 1788, un pair de France, un aide de camp du roi Charles X, un ministre plénipotentiaire sous Louis-Philippe; enfin, ainsi qu'on a déjà pu le voir, un membre de cette famille remplissait, il y a quelques années, les fonctions de gouverneur auprès d'un jeune Prince, petit-fils de saint Louis, salué à sa naissance du titre d'Enfant de l'Europe.

DIGNITÉS.

Cette famille a donné un patriarche d'Orient, un évêque d'Autun, un évêque de Poitiers, des chanoines comtes de Lyon et de Brioude, un premier aumônier du roi Louis XV, un aumônier de Marie-Antoinette et de Madame la duchesse d'Angoulême, des protonotaires du Saint-Siége, un turcopolier de l'ordre de Rhodes (c'était la seconde dignité de l'ordre), ambassadeur au concile de Bâle, des chevaliers de l'ordre et des ordres du roi, des chevaliers du Saint-Esprit, de Saint-Louis (1), des membres de la Légion d'Honneur, un Commandeur de l'ordre de Saint-Antoine, un chevalier de Saint-Jacques-porteglaive d'Espagne, des membres de l'ordre du Mérite Militaire de Bavière, de l'Etoile polaire de Suède, de l'ordre de Danebrog de Danemarck, etc.

Elle a été admise aux honneurs de la cour, et ses membres ont toujours été qualifiés de hauts et puissants seigneurs, chevaliers, etc.

SERVICES RENDUS

PAR LA MAISON DE BOUILLÉ

Depuis près de 800 ans que le nom de cette famille se trouve mêlé à l'histoire de la France, la plupart de ceux qui l'ont porté l'ont illustré, soit dans la carrière des armes, soit dans les grandes charges administratives. Nous n'indi-

---

(1) Depuis la fondation de l'ordre de Saint-Louis par Louis XIV, tous les membres de la maison DE BOUILLÉ, sans exception, en ont été décorés jusqu'à la Révolution de 1830, époque à laquelle les seuls comtes JULES, RÉNÉ ET GASTON DE BOUILLÉ, tous les trois officiers de cavalerie, étaient encore trop jeunes pour l'avoir.

querons ici sommairement que les faits principaux qui ont contribué à la gloire de la famille.

ROBERT DE BOUILLÉ accompagna en 1143 Geoffroy PLANTAGENET, fils de FOULQUES, roi de Jérusalem, à son mariage avec l'Impératrice MATHILDE, fille d'HENRI Ier, roi d'Angleterre. Avec ROBERT DE BOUILLÉ sont cinq seigneurs qualifiés de barons en ces termes : « Assisté des barons ROBERT DE BOUILLÉ, SEMBLANTIAC, etc., etc., de cinquante seigneurs (sans dénommer ceux-ci par leurs noms, comme on le fait pour les cinq barons). [*Histoire de Normandie, Archives du Royaume*].

GUILLAUME DE BOUILLÉ, seigneur DU CHARIOL, prit part à la croisade de saint Louis, sous HUGUES DE LUSIGNAN, comte de LA MARCHE. (C'est probablement à lui qu'il faut rapporter l'introduction de la croix d'argent qui, depuis, a toujours figuré dans les armoiries de la branche Auvergnate à laquelle il appartenait (1).

DELMAS DE BOUILLÉ (BOLLERII) accompagna également saint Louis à la croisade de 1245. (Le titre qui le prouve est en la possession du comte ARTHUR DE BOUILLÉ).

GUILLAUME DE BOUILLÉ, deuxième du nom pour sa branche, Chevalier seigneur DU CHARIOL, se distingua au service de Charles-le-Bel, au commencement du XIVe siè-

---

(1) On croit que ce fut par suite de son mariage avec Mahaldis Motier, dame et héritière du Chariol, que Guillaume de Bouillé prit la croix ancrée pour armes. Cette riche héritière possédait 30,000 livres de rente, fortune immense à cette époque et qui en vaudrait plus de 600,000 aujourd'hui.

cle ; il reçut, en 1309, du pape Clément V la mission de sévir militairement contre le grand précepteur du temple, Usquin de Florian, et les autres templiers de la province d'Auvergne.

On voit dans les vieilles chroniques de France qu'en 1315, Messire HUE, pour HUGUES, chevalier, seigneur DE BOUILLÉ, etc., était chambellan du roi Louis X, et son ambassadeur pour demander en mariage Clémence de Hongrie que ce prince épousa. *(Archives du Royaume).*

PHILIPPE DE BOUILLÉ fut un des conseillers du roi Charles V.

JEAN DE BOUILLÉ, du Chariol, était commandeur de Rhodes en 1350.

N. DE BOUILLÉ, dit l'Hermite de la Faye, chambellan du roi, sénéchal de Nismes et de Beaucaire en 1413.

ANTOINE DE BOUILLÉ, premier du nom, seigneur de Coulanges et du Vialard, était gouverneur pour le roi du château d'Usson (Auvergne), en 1470. Ce château commandait tout le pays et avait alors une grande importance.

PIERRE DE BOUILLÉ, seigneur du Chariol et de Rochefort, qualifié dans un acte de fondation de *haut et puissant seigneur,* était conseiller et chambellan du roi Charles VIII.

N. DE BOUILLÉ, dit l'Hermite de la Faye, fut un des six nobles choisis et députés par la noblesse d'Auvergne, en 1510, pour rédiger et signer la coutume de cette province, conjointement avec F. seigneur de Chaziron, Jean de Montboissier, Jacques de Montmorin, M. de La Roche-Aymon et Alyre de Langheac (1).

JEAN DE BOUILLÉ, du Chariol, était commandeur de l'ordre de Saint-Antoine, en 1514.

ANTOINE DE BOUILLÉ, seigneur du Chariol, baron d'Aurouze, qualifié de *haut et puissant seigneur*, commandait en 1549 le ban et l'arrière-ban de la noblesse de l'Auvergne, de la Marche, de Rouergue et du Quercy, ainsi qu'il appert de lettres de convocation de Henri II, du 3 juillet de la même année.

RENÉ DE BOUILLÉ, seigneur de Bouillé, était en 1572 gouverneur d'Angers et lieutenant-général pour le roi en Bretagne. Il y commandait à l'époque de la Saint-Barthélemy, et se refusa à y faire exécuter les ordres de la cour, relatifs au massacre des protestants (Daru, *Histoire de Bretagne*).

---

(1) On lit dans la *Coutume d'Auvergne*, par Chabrol : « La maison de l'Hermite de la Faye, très distinguée aussi, est la même dans l'origine que celle de BOUILLÉ. Cette branche avait quitté son nom pour prendre celui de sa terre, qui est un hermitage. »

Il est dit dans le même ouvrage : « La châtellenie de La Faye, située près Augerolles, a donné le nom à une maison dont était issu l'un des députés de la noblesse pour la rédaction de la *Coutume*. Les seigneurs de la Faye s'appelaient l'Hermite ou Larmite. Cette dénomination procédait de la situation de La Faye, qui est un véritable hermitage. La maison de La Faye était une branche de celle de BOUILLÉ; elle avait cessé d'en prendre le nom et n'a été connue que sous celui de sa terre. »

RENÉ DE BOUILLÉ, fils du précédent, comte de Créance, chevalier de l'ordre du Saint-Esprit, gouverneur de Périgueux et de Sarlat, servit avec éclat la cause de Henri IV et se distingua particulièrement au combat de La Ferté Bernard, où il défit le capitaine Comnène. Il était honoré de l'estime et de l'affection du roi de Navarre.

C'était au sujet de ce René de Bouillé que ce prince écrivait au prince de Conty, relativement au combat de La Ferté Bernard : « Le Manceau a doncq esté plus fin que le Grecq; je l'ay touts-jours cognueu pour aussy advisé que valeureulx; je suis bien ayse que l'ayez avecque vous; il peut aussy bien conseillier que bien agir. »

CHRISTOPHE ALEXANDRE DE BOUILLÉ, du Chariol, commandeur de Malte, conservateur de l'Ordre, chef d'escadre, se signala comme commandant des galères de France, sous le règne de Louis XIV, et contribua puissamment à la défaite de la flotte turque, en 1656, au combat des Dardanelles, où il enleva aux Turcs plusieurs étendards et drapeaux, suspendus depuis aux voûtes des églises dans ses commanderies.

ALEXANDRE DE BOUILLÉ, du Chariol, chevalier seigneur de Coulange, en Forez, mort en 1690, était maréchal des camps et armées du roi, inspecteur général de l'infanterie française, gouverneur du pays de Maurienne et Tarentaise, sous le commandement du maréchal de Catinat.

CHARLES DE BOUILLÉ, du Chariol, un des frères du précédent, avait eu une jambe emportée à la bataille de Cassel.

NICOLAS DE BOUILLÉ, du Chariol, évêque d'Autun

en 1758, doyen du chapitre des comtes de Lyon, conseiller d'Etat, avait été nommé 1ᵉʳ aumônier du roi Louis XV, n'étant encore que simple abbé. Cette charge donnait le cordon bleu. L'abbé DE BOUILLÉ semblait destiné aux plus hautes dignités ecclésiastiques; mais il se brouilla avec la cour pour avoir refusé l'archevêché de Lyon qui lui avait été offert à la condition de lever, de son autorité de Primat des Gaules, l'interdit prononcé sur le couvent des Dames de la Visitation de Paris, accusées de jansénisme par l'archevêque de Paris, CHRISTOPHE DE BEAUMONT. Il fut alors nommé à l'évêché d'Autun, en remplacement de Monseigneur DE MONTAZET, appelé à cet archevêché.

FRANÇOIS-CLAUDE-AMOUR DE BOUILLÉ, DU CHARIOL, MARQUIS DE BOUILLÉ, lieutenant-général des armées du roi, commandant de la province des Trois-Evêchés (1), de la Lorraine, de l'Alsace et de la Franche-Comté, général en chef de l'armée de Meuse, Sarre et Moselle, gouverneur de Douai, membre des deux assemblées des notables, en 1787 et 1788, chevalier des ordres du roi, non moins célèbre par ses succès militaires et ses conquêtes sur les Anglais, lors de la guerre d'Amérique, que par l'énergie et la noblesse de son caractère à l'époque de la révolution, le rôle qu'il joua alors en France, l'éminence du rang qu'il y avait, le zèle, le désintéressement et l'affection sans bornes avec lesquels il servit le malheureux Louis XVI.

Les quelques lignes que nous allons rapporter, extraites de l'ouvrage qu'un écrivain célèbre de notre époque a écrit

---

(1) Metz, Toul et Verdun.

sur la révolution française, feront mieux apprécier encore le rôle important qui échut en 1789 à M. DE BOUILLÉ :

« BOUILLÉ, plein de courage, de droiture et de talents, avait tous les penchants de l'aristocratie, et ne se distinguait d'elle que par moins d'aveuglement et une plus grande habitude des affaires. Retiré à Metz, commandant là une vaste étendue de frontières et une grande partie de l'armée, il tâchait d'entretenir la méfiance entre ses troupes et les gardes nationales, afin de conserver ses soldats à la cour. Placé là en expectative, il effrayait le parti populaire, et semblait le général de la monarchie, comme La Fayette celui de la constitution. Cependant, l'aristocratie lui déplaisait, la faiblesse du roi le dégoûtait du service, et il l'eût quitté, s'il n'avait été pressé par Louis XVI d'y demeurer. BOUILLÉ était plein d'honneur : son serment prêté, il ne songea plus qu'à servir le roi et la constitution. La cour devait donc réunir LA FAYETTE, MIRABEAU et BOUILLÉ, et par eux elle aurait eu les gardes nationales, l'assemblée et l'armée, c'est-à-dire les trois puissances du jour (THIERS, *Révolution française*, 1er vol., ch. IV).

On lit aussi dans la préface de l'ouvrage intitulé : *Coutumes d'Auvergne*, par CHABROL, édition de 1786 :

« L'Auvergne peut se flatter d'avoir été le berceau du célèbre maréchal de Turenne, si précieux à la nation. Il avait fait ses premières armes sous le maréchal de Bouillon, son père, né au château de Jorze, près Riom. Cette province a donné naissance aux comtes d'Estaing et aux marquis DE BOUILLÉ et de LA FAYETTE, qui ont acquis une si grande distinction dans la guerre d'Amérique qui vient de se terminer. (Voir à la fin l'article biographique sur M. le marquis de Bouillé).

LOUIS-JOSEPH-AMOUR DE BOUILLÉ, DU CHARIOL, MARQUIS DE BOUILLÉ, fils du précédent, lieutenant-général, officier de la Légion d'Honneur, chevalier de l'ordre royal et militaire de Saint-Louis et de l'ordre du Mérite Militaire de Bavière, était employé sous les ordres de son père avec le grade de lieutenant-colonel, lorsqu'il dut quitter la France, par suite de l'arrestation du roi à Varennes.

Après avoir servi avec une grande distinction d'abord à l'armée de Condé, et plus tard comme colonel propriétaire du régiment des hullans britanniques qu'il avait levés et formés, M. le marquis DE BOUILLÉ, connu du vivant de son père sous le nom de Comte LOUIS DE BOUILLÉ, rentra en France en 1802 et vit bientôt après se rouvrir pour lui les rangs de cette armée française dans laquelle il était appelé à donner aussi des preuves de sa brillante valeur et de son incontestable capacité, justifiant en toute occasion ces paroles si simples et cependant si flatteuses, prononcées à son sujet par les grenadiers de Royal Normandie, le soir de la terrible journée de Nancy, où il avait, au péril de sa vie, réussi à délivrer des mains des troupes insurgées les généraux Malseigne et de Noue : *il est brave comme son père*. M. DE BOUILLÉ n'avait encore que quarante-trois ans, quand une cécité complète vint l'arrêter prématurément dans la carrière qu'il parcourait avec tant de succès. Des travaux littéraires, appréciés à juste titre, occupèrent le reste de cette vie jusque là si active. M. DE BOUILLÉ a publié : 1° Une *Vie privée et militaire du prince Henri de Prusse*; 2° Un *Mémoire sur l'arrestation de Louis XVI à Varennes*; 3° Un volume de ses *Pensées et réflexions morales*; 4° Des *Commentaires sur le traité du prince de Machiavel et sur l'Anti-Machiavel de Frédéric II* (Voir à la fin l'article biographique sur M. de Bouillé).

FRANÇOIS-GUILLAUME-ANTOINE DE BOUILLÉ, du Chariol, connu d'abord sous le nom de Chevalier de Bouillé, et plus tard sous celui de Comte François de Bouillé, second fils de M. le marquis de Bouillé (François-Claude-Amour), maréchal de camp, chevalier de l'ordre Royal et Militaire de Saint-Louis, était capitaine commandant dans le régiment des hussards d'Esterhazy, quand en 1791, par suite du malheureux évènement de Varennes, il se vit, comme son père et son frère aîné, contraint de s'expatrier. Attaché peu après comme aide de camp à S. A. le prince d'Hohenlohe qui commandait l'aile droite de l'armée prussienne, réunie sur notre frontière de l'Est dans le but de délivrer le roi Louis XVI des mains du parti révolutionnaire, il fit dans cette armée les campagnes de 1792 et 1793, et y donna souvent des preuves du plus brillant courage. Au combat de cavalerie près de Fontoy, il se distingua particulièrement en pénétrant, lui troisième, dans le camp ennemi d'où il ramena plusieurs prisonniers. Le Chevalier de Bouillé se trouva à la prise de Longwy et à celle de Verdun. Ayant eu le commandement d'une avant-garde chargée d'éclairer la marche de l'ennemi dans sa retraite du camp de Grand-Pré, il atteignit son arrière-garde, la combattit avec avantage, et contribua par là à la prise de tous ses bagages et d'une partie de son artillerie; il eut dans cette affaire un cheval tué sous lui et reçut un coup de sabre à la main gauche : il en resta toujours estropié.

A la canonnade de Valmy, le Chevalier de Bouillé eut encore un cheval tué sous lui d'un boulet de canon et reçut une forte contusion à la jambe droite. Quelques mois après, à l'affaire de Hocheim, il recevait une balle dans la cuisse. Il servit en 1794 et 1795, d'abord en qualité de capitaine et plus tard comme major dans les hullans britanniques commandés par son frère, le comte Louis de Bouillé, et fut fait colonel de ce régiment en 1796. Après la malheureuse issue de l'expédition de Quiberon, il fut embarqué pour les îles du Vent avec son régiment et se trouva à l'attaque de Sainte-Lucie. En 1815, lors de la prise de La Guadeloupe où il s'était fixé depuis son mariage, il fut nommé par sir John Leith, commandant en chef des forces britanniques, commandant général des milices de la colonie, avec brevet de général major. Le grade d'officier général lui fut confirmé quelques années après, sous la restauration.

PIERRE-CHRISTOPHE DE BOUILLÉ, DU CHARIOL, COMTE DE BOUILLÉ, mestre de camp, colonel du régiment de Viennois, chevalier de l'ordre Royal et Militaire de Saint-Louis, servit d'abord dans la marine et passa ensuite dans le régiment des carabiniers de Monsieur, frère du roi; il suivit le marquis de Bouillé, son cousin, dans ses nombreuses et brillantes expéditions aux Antilles, en qualité de son aide de camp; il s'y distingua d'une manière particulière en plusieurs occasions et fut fait colonel d'infanterie le 27 octobre 1778, à l'âge de vingt-quatre ans, pour avoir porté au roi la nouvelle de la prise de La Dominique, première conquête faite sur les Anglais par M. le marquis de Bouillé, au commencement de la guerre d'Amérique. Le COMTE DE BOUILLÉ fut nommé chevalier de Saint-Louis le 10 janvier 1782 et eut le régiment de Viennois le 27 du même mois, en récompense de ses services à la prise de Saint-Eustache et pour en avoir également porté la nouvelle au roi avec les drapeaux de la garnison ennemie ; il fut à la paix compris au nombre des membres de l'ordre Américain de Cincinnatus. Il fit les preuves de la cour et monta dans les carosses du roi, en mars 1785. Le COMTE DE BOUILLÉ, lorsqu'éclata la révolution, était au moment d'être promu maréchal de camp. Appelé à la Martinique par des affaires en 1794, il y mourut l'année suivante, âgé seulement de trente-neuf ans, après avoir puissamment contribué par son courage, son activité et ses talents, conjointement avec M. le vicomte de Damas, alors gouverneur de cette colonie, à y maintenir l'autorité du roi et à préserver le pays des premiers effets de la révolte qui fut si funeste à Saint-Domingue, à la même époque.

JEAN-BAPTISTE DE BOUILLÉ, DU CHARIOL, était à l'époque de la révolution française, chanoine, comte de Vienne, grand vicaire de cet archevêché, abbé de Beaulieu et aumônier de la reine Marie-Antoinette ; il passa aux colonies et desservit comme curé à la Martinique, pendant une vingtaine d'années, deux paroisses du sud de l'île. Il reprit en 1815 ses fonctions d'aumônier auprès de Madame la duchesse d'Angoulême et fut nommé évêque de Poitiers le 8 août 1847.

FRANÇOIS-MARIE-MICHEL DE BOUILLÉ, DU CHARIOL, COMTE DE BOUILLÉ, pair de France, maréchal de camp, aide de camp du roi Charles X, gouverneur de S. A. R. Monseigneur le duc de Bordeaux, après 1830, gouverneur de la Martinique de 1825 à 1828, chevalier des ordres du Roi, commandeur de la Légion d'Honneur, chevalier de l'ordre royal et militaire de Saint Louis et de ceux de Saint-Jean de Jérusalem et de l'Etoile polaire de Suède, entra à l'âge de 15 ans au service de S. M. Britannique, fit toutes les campagnes de la guerre qui se termina en 1802 par le traité d'Amiens, fut chargé en 1813 et 1814 par S. M. Louis XVIII, alors en Angleterre, de missions de confiance sur le continent, aux quartiers-généraux des armées alliées, et principalement auprès du prince royal de Suède (Bernadotte, depuis roi de Suède), rejoignit Monsieur, comte d'Artois, à Nancy, en mars 1814, fut fait colonel par ce prince, alors lieutenant-général du royaume, et nommé l'un de ses aides de camp. M. DE BOUILLÉ accompagna Monsieur en Belgique, au 20 mars 1815, lors du retour de Bonaparte et de la défection de l'armée. Quinze ans plus tard, il reprenait avec la famille royale le chemin de l'exil et se fixait en Ecosse auprès de Charles X. Ce Prince daigna lui donner en 1834 une haute marque de confiance, en le plaçant auprès de Mgr. le duc de Bordeaux, en qualité de gouverneur. L'auguste fille de Louis XVI désigna par son testament M. DE BOUILLÉ comme un de ses exécuteurs testamentaires, faveur d'autant plus insigne pour celui qui en fut l'objet, que M. DE BOUILLÉ ne se trouvait pas dans le moment auprès de la famille royale. Il est l'auteur du chant français, ce chant national de la restauration, si souvent applaudi à cette époque, et dont le refrain était, comme on sait : Vive le roi! vive la France! (Voir à la fin l'article biographique sur M. le comte de Bouillé).

LISTE CHRONOLOGIQUE

DES CHANOINES COMTES DE LYON (1) ET DES CHANOINES COMTES DE BRIOUDE

DE LA MAISON DE BOUILLÉ

COMTES DU CHAPITRE NOBLE DE SAINT-JEAN-DE-LYON

En 1422. — JOSEPH DE BOUILLÉ, du Chariol, fils de Loys de Bouillé, du Chariol, et d'Isabeau de la Groslière (de la maison de Saint-Nectaire en Senneterre).

1598. — ORRY DE BOUILLÉ, du Chariol, Alias d'Orouze, fils de Jacques de Bouillé, 1er du nom, et de Gilberte Barthon de Massenove.

1722. — NICOLAS DE BOUILLÉ, du Chariol, fils d'Antoine de Bouillé (ou Boullier), de St-Geron, et de Madeleine Motier de La Fayette de Champetières. Il avait été comte de Brioude en 1743 et devint en 1754 doyen des comtes de Lyon, première dignité de ce chapitre, premier aumônier du roi en 1757, évêque d'Autun en 1758, conseiller d'Etat en 1761.

---

(1) Pour appartenir à ce chapitre, il fallait fournir la preuve de seize quartiers de noblesse.

CHANOINES-COMTES

DU

CHAPITRE NOBLE DE SAINT-JULIEN-DE-BRIOUDE (1)

En 1444. — JEHAN DE BOUILLÉ, du Chariol, fils de Guillaume de Bouillé, 3me du nom, et de Béatrix de Montravel.

1470. — JAINET DE BOUILLÉ, du Chariol, fils de Guillaume de Bouillé, 4me du nom, et d'Alix de Mézet.

---

(1) Extrait de la *Chronologie du chapitre noble de Saint-Jean-de-Brioude* dont les chanoines portaient le titre de comtes, par MM. d'Antil et de Chavanat, ci-devant comtes de ce chapitre, d'après la rédaction acceptée et sanctionnée par le chapitre le 12 novembre 1788 (chez Levrault 1805) : « L'usage de ne prendre que dans « l'ordre de la noblesse les membres de ce chapitre date de l'origine « du chapitre même, le plus ancien de France, et s'est conservé « jusqu'à la révolution. On exigeait des candidats des preuves de « seize quartiers tant paternels que maternels, c'est-à-dire le double « de celles de Malte. Les chanoines étaient décorés d'une croix « qu'ils portaient en sautoir, suspendue à un ruban bleu, liseré de « rouge et portaient le titre de comtes. Le roi était le premier cha- « noine. A l'exception de prévôt pour laquelle il fallait être prêtre, « les autres dignitaires et chanoines pouvaient n'être que tonsurés. »

En 1558. — IVES DE BOUILLÉ, d'Allerèt.

1563. — JEAN DE BOUILLÉ, de Colanges.

1582. — ANTOINE DE BOUILLÉ, de Colanges.

1582. — ALEXANDRE DE BOUILLÉ, du Chariol.

— GUY DE BOUILLÉ, du Chariol.

1647. — LOUIS DE BOUILLÉ, du Chariol.

1657. — SAMSON DE BOUILLÉ, du Chariol.

1663. — JACQUES DE BOUILLÉ, du Chariol.

1664. — LOUIS DE BOUILLÉ, du Chariol.

1676. — JACQUES DE BOUILLÉ, du Chariol.

1713. — NICOLAS DE BOUILLÉ, de Saint-Geron, évêque d'Autun, etc.

Dans l'ouvrage intitulé *Coutume d'Auvergne*, par Chabrol, conseiller d'Etat, à l'article Brioude, il est dit : « Le chapitre compte « parmi ses membres des personnes de la plus haute et de la plus « antique noblesse. Il y en a un grand nombre, soit de la maison « d'Auvergne ou des dauphins aînés de cette maison, soit de celle « de Mercœur, si illustre et si puissante. Saint Odile, abbé de « Cluny, qui en était issu, fut chanoine de Brioude dans le onzième « siècle. Les maisons de Bourbon, de Polignac, de Chalençon, de « Montboissier, de Langeac, de Lastic, de La Tour d'Auvergne « (maintenant Bouillon), de La Fayette, de La Rochefoucauld, « de Chaslux, de Bouillé, de Rochefort, de Nozière, de Sénecterre, « de Balsac, de Léothoing, de Montravel, de Guilhen, etc., ont « aussi donné des membres à cette église. »

COMMANDEURS ET CHEVALIERS

DE L'ORDRE

DE SAINT-JEAN-DE-JÉRUSALEM A RHODES ET A MALTE.

Avant 1314. — **JEAN DE BOUILLÉ**, fils puiné de Pierre de Bouillé, 3ᵐᵉ du nom, décédé avant la dite année 1314, et de Souveraine de Lastic (grande tante de Jehan de Lastic, grand maître de l'ordre en 1437), était chevalier de l'ordre de Saint-Jean-de-Jérusalem à Rhodes et seigneur de Montferrand, au grand prieuré d'Auvergne.

Avant 1351. — **PIERRE DE BOUILLÉ**, neveu du précédent, fut aussi chevalier de Saint-Jean-de-Jérusalem à Rhodes et commandeur de Milhau, et à ce titre, seigneur de Vault et de Combrebeu, en Rouergue.

En 1649. — **MICHEL DE BOUILLÉ**, du Chariol, fils de Gaspard de Bouillé et de Marie de Lérin d'Urgel (des comtes de Barcelone), était chevalier, grand'croix de l'ordre de Saint-Jean-de-Jérusalem à Malte, grand bailli de l'ordre et commandeur de Montagny-le-Templier.

1637. — CHRISTOPHE-ALEXANDRE DE BOUILLÉ, du Chariol, dit Le Commandeur du Chariol, fils d'Alexandre de Bouillé et de Jeanne du Prat, reçu chevalier de Malte en 1637, était en 1656 commandeur de Salles, de Limoges et de Courteserre, conservateur de l'ordre et commandant des galères de la religion.

On trouve encore dans les actes généalogiques un ANTOINE DE BOUILLÉ, du Chariol, commandeur de Montferrand et de Mâcon, lequel était fils d'André de Bouillé, du Chariol ; et en 1500 et quelques années, un JEAN DE BOUILLÉ, du Chariol, chevalier de Saint-Jean-de-Jérusalem, commandeur de Billom.

En 1785 et 1786, FRANÇOIS-ANTOINE DE BOUILLÉ, du chariol, et HYPPOLITE-CHARLES-MARIE DE BOUILLÉ, du Chariol, fils du marquis de Bouillé (François-Claude-Amour), furent reçus en minorité chevaliers de Saint-Jean-de-Jérusalem, de Malte.

En 1814, FRANÇOIS-MARIE-MICHEL DE BOUILLÉ, du Chariol, Comte de Bouillé, fut décoré de la croix de dévotion de cet ordre par le représentant du grand maître et le chapitre alors résidant à Catane, en Sicile, en considération des nombreux services que ses ancêtres avaient rendus à l'ordre de Malte.

CHEVALIERS DE SAINT-MICHEL

(DIT L'ORDRE DU ROI)

Règne de François Ier. — Haut et puissant seigneur, JACQUES DE BOUILLÉ, du Chariol, Seigneur de Coulanges et du Vialard, chambellan du roi François Ier.

FRANÇOIS DE BOUILLÉ (branche du Maine), grand fauconnier de France.

Haut et puissant seigneur, ANTOINE DE BOUILLÉ, du Chariol, Baron d'Orouze. — C'est lui qui commandait en 1549 le ban et l'arrière-ban de la noblesse d'Auvergne, du Rouergue, de la Marche et du Quercy.

CHEVALIERS COMMANDEURS DU SAINT-ESPRIT

Règne de Henri III, fondateur de l'ordre, promotion de 1585, RENÉ DE BOUILLÉ, Comte de Créance, capitaine de 100 hommes d'armes, etc.

Règne de Louis XVI, promotion de 1783. — FRANÇOIS CLAUDE-AMOUR DE BOUILLÉ, du Chariol, Marquis de Bouillé, lieutenant-général des armées du roi.

Louis-Antoine de France, devenu grand maître de l'ordre par suite de la mort de son auguste père, le roi

Charles X, daigna le conférer à **FRANÇOIS-MARIE-MICHEL DE BOUILLÉ**, du Chariol, Comte de Bouillé, pair de France, maréchal de camp, etc., comme un témoignage de sa satisfaction et de sa reconnaissance des nouveaux services qu'il venait de rendre pendant l'exercice des fonctions de gouverneur, qu'il avait remplies auprès du jeune prince, son neveu.

CHEVALIERS

DE L'ORDRE ROYAL ET MILITAIRE

DE SAINT LOUIS

CHARLES-LOUIS DE BOUILLÉ, du Chariol, Chevalier, Seigneur de Reillac.

CHRISTOPHE-CHARLES DE BOUILLÉ, du Chariol, Chevalier, Seigneur de Rodat et de la Blanchisse, exempt de la 1re compagnie des gardes du corps, tué en Allemagne en 1688.

ALEXANDRE DE BOUILLÉ, du Chariol, Chevalier, Seigneur de Coulanges, en Forez, maréchal de camp.

FRANÇOIS DE BOUILLÉ, du Chariol, 3e du nom, Chevalier, Seigneur de Reillac et du Fraisse-en-Entremonts, colonel.

JEAN-GASTON DE BOUILLÉ, du Chariol, Comte de Bouillé, capitaine au régiment de Médoc.

GUILLAUME-ANTOINE DE BOUILLÉ, du Chariol, Comte de Bouillé, capitaine au régiment de Touraine.

FRANÇOIS-CLAUDE-AMOUR DE BOUILLÉ, du Chariol, Marquis de Bouillé, lieutenant-général.

PIERRE-CHRISTOPHE DE BOUILLÉ, du Chariol, Comte de Bouillé, colonel de Viennois.

LOUIS-JOSEPH-AMOUR DE BOUILLÉ, du Chariol, Marquis de Bouillé, lieutenant-général.

GUILLAUME-FRANÇOIS-ANTOINE DE BOUILLÉ, du Chariol, Comte François de Bouillé, maréchal de camp.

CLAUDE DE BOUILLÉ, du Chariol, Vicomte de Bouillé, colonel d'infanterie.

FRANÇOIS-GABRIEL DE BOUILLÉ, du Chariol, Baron de Bouillé, colonel de cavalerie.

FRANÇOIS-MARIE-MICHEL DE BOUILLÉ, du Chariol, Comte de Bouillé, pair de France, maréchal de camp (1).

ARTHUR-PHILIPPE-GUILLAUME-PARFAIT DE BOUILLÉ, du Chariol, Comte Arthur de Bouillé, capitaine d'état major, aide de camp de M. le maréchal Oudinot, duc de Reggio.

Il se peut que plusieurs chevaliers de Saint-Louis aient été oubliés et ne figurent pas sur cette liste.

---

(1) Lorsqu'en 1828, le comte de Bouillé se démit pour cause de santé du gouvernement de la Martinique, M. le baron Hyde de Neuville, ministre de la marine, qui connaissait le noble désintéressement de cet officier-général, voulut bien lui dire : « qu'il avait des droits au cordon rouge (la croix de commandeur de Saint-Louis),

ORDRE DE LA LÉGION D'HONNEUR

COMMANDEUR

FRANÇOIS-MARIE-MICHEL DE BOUILLÉ, du Chariol, Comte de Bouillé, pair de France, maréchal de camp.

OFFICIER

LOUIS-JOSEPH-AMOUR DE BOUILLÉ, du Chariol, Marquis de Bouillé, lieutenant général, fait chevalier en 1806, au siége de Gaëte.

CHEVALIERS

FRANÇOIS-CLAUDE-AMOUR-RENÉ-ALBERT DE BOUILLÉ, du Chariol, Vicomte de Bouillé, maire de Nevers sous la restauration.

ARTHUR-PHILIPPE-GUILLAUME-PARFAIT DE BOUILLÉ, du Chariol, Comte Arthur de Bouillé, capitaine d'état major, aide de camp de M. le maréchal Oudinot, duc de Reggio.

---

mais que ne pouvant en avoir qu'un dans le moment pour la marine, il lui demandait de trouver bon qu'il présentât plutôt à la nomination du roi un vice amiral qu'il lui nomma. M. de Bouillé y engagea fortement le ministre, dans l'espoir que ce cordon ferait un partisan de plus à un prince à qui il n'eût voulu voir que des amis.

JULES-FRANÇOIS-AMOUR DE BOUILLÉ, du Chariol, Comte Jules de Bouillé, capitaine commandant au 1ᵉʳ lanciers.

AMOUR-LOUIS-CHARLES-RENÉ DE BOUILLÉ, du Chariol, Marquis de Bouillé, ministre plénipotentiaire près la cour de Bade.

JACQUES-MARIE-GASTON DE BOUILLÉ, du Chariol, Comte de Bouillé, officier aux chasseurs de la garde royale, décoré par Charles X à Rambouillet, le 1ᵉʳ août 1830, veille de l'abdication de ce prince.

ARTHUR-FRANÇOIS-MARGUERITE-HENRI DE BOUILLÉ, du Chariol, Comte Henri de Bouillé, capitaine d'état major (décoration obtenue en 1855, au siége de Sébastopol).

ORDRES ÉTRANGERS.

Avant la révolution de 1789, il était fort rare que des français fussent décorés d'ordres étrangers. A l'exception de la Toison d'or d'Espagne, ils en faisaient ordinairement fort peu de cas et n'en sollicitaient jamais. Après la guerre d'Amérique, un ordre, ou plutôt une association, sous le nom de *Cincinnatus*, fut institué par le gouvernement des Etats-Unis pour perpétuer le souvenir des services militaires rendus pendant cette guerre. Les généraux et les officiers supérieurs étrangers qui s'y étaient le plus distingués y furent admis, et comme de juste, au nombre des plus marquants se trouva M. LE MARQUIS DE BOUILLÉ, gouverneur général des Antilles françaises. Le COMTE DE BOUILLÉ, colonel du régiment de Viennois, en fut également décoré.

D'après les statuts de cette association assez peu républicaine, tous les fils aînés de mâle en mâle, issus du premier titulaire devaient en faire héréditairement partie jusqu'à extinction de sa race. La décoration de cet ordre représentait un aigle éployé d'or, émaillé au centre, et suspendu à un ruban moiré bleu de ciel, liseré de blanc.

ORDRE DU MÉRITE MILITAIRE DE BAVIÈRE

CHEVALIER

LOUIS-JOSEPH-AMOUR DE BOUILLÉ, DU CHARIOL, MARQUIS DE BOUILLÉ, lieutenant général.

ORDRE DE L'ÉTOILE POLAIRE DE SUÈDE

CHEVALIER

FRANÇOIS-MARIE-MICHEL DE BOUILLÉ, DU CHARIOL, COMTE DE BOUILLÉ, pair de France, maréchal de camp.

ORDRE DE SAINT FERDINAND D'ESPAGNE

CHEVALIER

ARTHUR-PHILIPPE-GUILLAUME-PARFAIT DE BOUILLÉ, du Chariol, Comte Arthur de Bouillé, capitaine d'état major, aide de camp de M. le maréchal Oudinot, duc de Reggio.

ORDRE DE DANEBROG DE DANEMARCK

COMMANDEUR

AMOUR-LOUIS-CHARLES-RENÉ DE BOUILLÉ, du Chariol, Marquis de Bouillé, ministre plénipotentiaire près la cour de Bade.

CHEVALIER

LOUIS-AMOUR-MARTIAL-LÉONOR DE BOUILLÉ, du Chariol, Comte Louis de Bouillé.

La maison DE BOUILLÉ a possédé à différentes époques un très grand nombre de terres seigneuriales, COMTÉS, MARQUISATS, BARONIES, dans les provinces de l'Ouest, en Auvergne, dans le Bourbonnais, et quelques-unes même en Languedoc. La seule terre DE BOUILLÉ, seigneurie haute justicière et patronale, de laquelle relevaient et mouvaient huit seigneuries à clocher et dix-neuf arrière-fiefs nobles, se composait, d'après l'historien de *Sablé* (1), outre plusieurs forêts, de soixante corps de fermes; son vaste château ressemblait plutôt à une ville forte qu'à un simple manoir féodal, ce qu'attestent les ruines qui existent encore et qui sont une des curiosités du pays. Le chef-lieu de ce beau domaine avait été transféré au XVIIe siècle au bourg de Torcé, en Charnie, où siégeait le bailli des seigneurs de Bouillé. A l'extinction de la branche des marquis de Bouillé, comtes de Créance et chefs de nom et d'armes, en 1646, la possession de ce grand fief était entrée par mariage et succession féminine dans le patrimoine des ducs du Lude qui l'avaient transmise en s'éteignant eux-mêmes aux ducs de Roquelaure et aux comtes de Vertus, leurs héritiers allodiaux, sur qui RENÉE-GABRIELLE DE BOUILLÉ le fit retraire, en vertu de son droit linéager et féodal, en 1721.

---

(1) « Siz au milieu du beau pays d'Evron, dit l'historien de
« *Sablé*, entouré de ses soixante corps de fermes, éparses et si bien
« et fortement édifiées, qu'on dirait aultant de logis de noblesse,
« le chasteau de Bouillé paroist comme une grande et forte ville,
« abritée par sa superbe forest de Charny qui appartient au même
« chasteau; il est tenu pour un des plus beaux du royaulme de
« France, le plus beau des royaulmes après celui du ciel, et l'in-
« cendie qui l'avait attaqué, n'a pu adommager que ses toictures
« aux quelles il ne paroist plus rien de ce triste accident. »

DEGRÉS DE FILIATION

I.   JOUAN DE BOUILLÉ, co-seigneur de Saumur, qui vivait en l'année 1147 avec sa femme MACLOVIE DE BRETAGNE, dite DE LANNION, laquelle autorise et confirme une donation de Luçon Fergent, son champion, en faveur de l'église cathédrale de Tours, siégeant alors sur la chaire de Saint-Pierre l'Apostole Ugénius, et régnant sur l'empire français le roi Louis (Eugène III et Louis le jeune). Se trouvant à Saumur le jour des saints martyrs Gervais et Protais, en l'an de salut 1147, JOUAN DE BOUILLÉ souscrit sur l'autel de l'église de Saint-Florent, une charte d'accommodement pour les droits de Maclovie, sa femme, avec prénoble et puissant Alain, seigneur de Dol et vicomte de Rennes, ainsi qu'avec Révérend père en Dieu, Pierre, évêque de Dol, de Vannes et de Cornouailles, lesquels y sont désignés comme oncles de Maclovie, et promettent de faire affermer ladite charte par leur seigneur du sang, le redoutable et miséricordieux prince et comte de Bretagne (lequel était alors Conan III surnommé *le Gros*. JOUAN DE BOUILLÉ fait affermer le même acte de transaction par son fils aîné, GUILLAUME, damoiseau, avoué de l'église de Saint-Sulpice, et par son autre fils Pierre, *Castillanus turris Alta rupæ in Avernia pro D. Alain,* c'est à dire châtelain du fort d'Altaroche, en Auvergne, pour le seigneur Alain, dont la mère était dame d'Aurillac et de Solignac, en Auvergne.

JOUAN DE BOUILLÉ laissa, comme on vient de le voir, deux fils :

    1° GUILLAUME, auteur des branches de la maison de Bouillé, du Maine ;

    2° PIERRE, auteur de la branche de Bouillé, du Chariol, en Auvergne.

BRANCHE DU MAINE

II.   GUILLAUME DE BOUILLÉ, Seigneur du dit lieu, auteur des Marquis de Bouillé, Comtes de Créance, etc., fils aîné de Jouan de Bouillé, co-seigneur de Saumur, vivait en 1147 et 1164. Il eut pour fils GUILLAUME, 2me du nom pour sa branche, qui contractait avec Hoël, vicomte de Nantes, en 1220. Il avait épousé Jeanne de Baïf, fille de Hiérosme, seigneur du dit lieu. De ce mariage naquit JUHEL DE BOUILLÉ, mentionné à l'accord et transaction que Thibaud de Monthéfélon, 3me du nom, baron de Durtal, fit avec l'abbé de Saint-Serge, en 1260. JUHEL DE BOUILLÉ fut père de GUILLAUME III, dont la postérité s'étend jusqu'en 1746, époque de la mort de DIANE DE BOUILLÉ, Marquise de Guiscard.

Nous ne rapporterons point la filiation entière de cette branche de la maison de Bouillé, éteinte depuis le siècle dernier. Nous allons nous borner à mentionner quelques-uns de ses membres.

JEANNE DE BOUILLÉ, fille de Jean, Seigneur de Bouillé, de La Morlière et de Brissarthe, en Anjou, fut mariée en 1365 à Olivier Du Guesclin, seigneur de la Morticerolle, de la Roberie, etc., cousin germain du connétable.

JEAN DE BOUILLÉ, Seigneur du dit lieu et de Lernay, en Poitou, épousa en premières noces Marie de Tigné, Dame de Lernay, et se remaria avec Jeanne de La Vausselle, veuve de Jean, seigneur de Boisgamatz.

MARGUERITE DE BOUILLÉ fut conjointe avec Guillaume de La Croix, seigneur de Marigny, etc., dont est issue par représentation de degrés Louise de La Croix, femme de François Quatrebarbes, 4me du nom, seigneur de la Rongère.

JEAN DE BOUILLÉ, Seigneur d'Onzemail, épousa en 1401 Marie de Froulay de Tessé.

JEAN DE BOUILLÉ, Seigneur de Chancé, fut marié en 1404 à Marie de Turpin.

JEANNE-AMÉNARD DE BOUILLÉ, sœur de Jean de Bouillé, fut mariée en 1425 à Gilles de Maillé-Brézé.

RENÉ DE BOUILLÉ, Seigneur d'Onzemail, épousa en 1463 Marie de La Valette.

JACQUES-CHARLES DE BOUILLÉ, Seigneur de Longbuisson, fut marié à Jaqueline de Courtalin.

LOUIS DE BOUILLÉ, frère du précédent, épousa Charlotte des Charlats de Rieux.

GUILLAUME DE BOUILLÉ fut marié à Françoise de
Cervon, fille de Simon de Cervon, seigneur des Arcis,
de Clavières, etc.

FRANÇOIS DE BOUILLÉ épousa vers l'an 1480 Marie de
La Jaille, fille de Magdelon de La Jaille, seigneur d'Au-
rillé, de La Roche Talbot, arrière petite-fille de Pierre de
La Jaille, sénéchal de Provence et d'Isabeau de Beauveau.
(La maison de La Jaille descendait par les femmes de la
maison d'Anjou).

RENÉ DE BOUILLÉ, Ier du nom, fils du précédent,
Seigneur de Bouillé et de Torcé, épousa Jaqueline
d'Estouteville, fille d'Antoine d'Estouteville, comte de
Créance, seigneur de Chanteloup. (La maison d'Estouteville descendait des anciens rois de Hongrie; elle s'éteignit
dans Adrienne, duchesse d'Estouteville, qui épousa en
1534 François de Bourbon, comte de Saint Paul, et fut
mère de la duchesse de Longueville, qui mourut en 1604
et porta cet héritage dans la maison d'Orléans).

RENÉ DE BOUILLÉ, IIme du nom, fils du précédent,
Comte de Créance, Seigneur de Chanteloup, capitaine
de 100 hommes d'armes, etc., épousa Renée de Laval,
fille de Pierre de Laval, marquis de Lezay, et de Jaqueline

de Clairembaut (l'héritière de la maison de Laval a épousé, comme on sait, un Montmorency dont la branche, à dater de cette époque, a pris le nom de Montmorency-Laval).

MADELEINE DE BOUILLÉ, sœur du précédent, fille de René de Bouillé, seigneur de Bouillé et de Torcé, etc., fut mariée en 1579 à Louis de Rochechouart, 2me du nom, Vicomte de Rochechouart, Baron de Mauzé (les aînés de la maison de Rochechouart sont ducs de Mortemart). De ce mariage est issu René de Rochechouart qui eut deux filles.

RENÉ DE BOUILLÉ, 3me du nom, fils de René, 2me du nom, Comte de Créance, etc., épousa Marthe de Beaumanoir, fille aînée du second lit de Charles de Beaumanoir, baron de Lavardin, et de Catherine du Bellay d'Yvetot, de laquelle il n'eut point d'enfants. Il se remaria avec Jaqueline de La Guiche, fille de Jean-François de La Guiche Saint-Géran, chevalier des ordres du roi, maréchal de France, et d'Anne de Tournon, dame de La Palisse.

RENÉE-ÉLÉONORE DE BOUILLÉ, fille unique de René de Bouillé, 3me du nom, et de Jaqueline de La Guiche, fut mariée à Henri de Daillon, Duc du Lude, grand maître de l'artillerie, premier gentilhomme de la chambre du roi, gouverneur de Saint-Germain, et mourut sans laisser de postérité. Avec elle s'éteignit un des rameaux de la branche du Maine. La Duchesse du Lude a obtenu quelque célébrité par la grande faveur dont elle jouissait auprès de Louis XIV. Retirée de la cour pour suivre sa passion pour la chasse, elle formait des meutes excellentes qu'elle donnaît à ce prince ; elle en recevait en retour tous les chevaux qu'elle désirait et qu'elle choisissait elle-même dans les écuries du roi. Extrêmement redoutée dans le canton de Charnie, elle y acquit une triste et malheureuse célébrité par sa tyrannie envers les gentilhommes de son voisinage, à l'occasion de la chasse. Elle périt d'une chûte de cheval, en évitant les poursuites du chevalier de Sainte Suzanne, de la maison de Villaines, dont elle avait fait détruire les forges et couper les avenues. La DUCHESSE DU LUDE était contemporaine de Mme. de Sévigné, qui parle d'elle dans plusieurs de ses lettres, entr'autres dans celle à sa fille du 27 avril 1672. On lit dans les *Mémoires de Dangeau*, 30 août 1685 : « Le duc du Lude, grand maître de l'artillerie, « mourut à Paris ; il n'eut point d'enfants de ses deux « femmes. La première Bouillé, toujours dans ses terres, « ne se plaisant qu'aux chevaux qu'elle piquait mieux qu'un « homme, et chasseuse à outrance. Elle faisait sa toilette « dans son écurie et faisait trembler le pays. » On voit par ce qui précède que cette DUCHESSE DU LUDE était une véritable extravagante. Le duc du Lude avait épousé en secondes noces N. de Béthune.

URBAIN DE BOUILLÉ, COMTE DE CRÉANCE, fils de René de Bouillé, 2ᵐᵉ du nom, épousa ANNE DE FESCHAL, DAME DE TUCÉ, veuve de Messire Brandelis de Champagne, marquis de Villaines, chevalier des ordres du roi.

FRANÇOIS DE BOUILLÉ, fils de René de Bouillé, 2ᵐᵉ du nom, CHEVALIER, MARQUIS DE BOURGNEUF, SEIGNEUR DE LA RAGUENIÈRE, épousa en premières noces N. DU PLESSIS-

Richelieu, nièce du cardinal, dont il n'eut point d'enfants. Il se remaria avec Renée de Martel.

FRANÇOIS DE BOUILLÉ, Seigneur de Longbuisson, etc., tué au siége de Senlis, avait épousé N. de Hallwin, fille de Charles, duc de Hallwin, seigneur de Piennes, marquis de Maignelais, chevalier des ordres du roi, gouverneur de Metz.

ROBERTE DE BOUILLÉ, fille de Louis de Bouillé, chevalier, seigneur de Bouillé, de Lernay, d'Assé-le-Béranger, etc., et de Marie de La Lobe, épousa Antoine Errault, fils de Pierre Errault, seigneur de l'Erraudière, et de Jacquette de Maillé. De ce mariage est issu François Errault, seigneur de Chemens, qui fut garde des sceaux.

PIERRE DE BOUILLÉ épousa Louise des Fugeretz, fille de Jean des Fugeretz, seigneur et marquis du dit lieu, et de Jeanne de Villeroi.

LUCRÈCE DE BOUILLÉ fut mariée à N. d'Aubigné, Seigneur de La Jousselinière.

PHILIPPE DE BOUILLÉ, fils d'Urbain de Bouillé, Comte de Créance, Seigneur du Rocher, n'eut que deux filles : l'aînée épousa le Marquis de Charnacé, et la seconde, Alexandre de Longeaulnay, Marquis de Dampierre, Comte des Fresnes, Seigneur de Bois Héron. Toutes deux moururent sans laisser d'enfants.

BRANCHE AUVERGNATE (LA SEULE EXISTANTE)

II.   PIERRE DE BOUILLÉ, 1ᵉʳ du nom, deuxième fils de JOUAN et de MACLOVIE DE BRETAGNE, sa femme, lequel était en 1147 châtelain d'Altaroche et de Cluny, en Auvergne, ainsi qu'il se voit au premier degré de filiation. Les Bollandistes et la bibliothèque de Cluny mentionnent son nom dans le verbal d'une charte en l'année 1155, avec Pierre de Chabannes, sire de Chabannais, et autres seigneurs qui font l'hommage et l'aumône à l'abbé conventuel de Montpeyroulx, Thibault de Capluc ou Caylus, de plusieurs biens féodaux qu'ils déclarent vouloir assujétir à sa crosse et pour lesquels ils lui font promesse de fidélité pour sa personne et de protection pour son couvent. On va retrouver la mémoire et les traces de cette même donation de PIERRE DE BOUILLÉ pendant les six générations subséquentes, et cela suffirait à défaut d'autres documents pour établir la généalogie de cette branche. PIERRE DE BOUILLÉ avait épousé ACHILDE DE LA ROCHE-AYMON.

III.   MACLOU DE BOUILLÉ, NOBLE CHATELAIN D'ALTAROCHE et libre fieffé du dauphiné d'Auvergne, en 1203. On voit dans le Catalogue de Baluze qu'il fut déchargé de payer l'imposition des aides à Guillaume, dauphin d'Auvergne et comte de Clermont, par jugement du roi Philippe-Auguste.

Maclou de Bouillé épousa Jeannette de Coppel. La seigneurie dont sa femme portait le nom appartenait à une branche de la maison de La Tour d'Auvergne. On trouve en Auvergne à la même époque Pernellet de Bouillé, Seigneur de Jobet ; Hugh de Bouillé, chevalier pleige et caution de l'église de Brioude, et Hugonet de Bouillé, Damoiseau ; qui pourrait avoir été le même personnage que le précédent. Il est encore à remarquer que Maclou ne se trouve plus en possession de la seigneurie de Clusy, mentionnée par Justel, et dont Pierre, châtelain d'Hauteroche, avait sûrement disposé en faveur d'un de ses autres enfants.

V. GUILLAUME DE BOUILLÉ, 1er du nom pour sa branche. Il est qualifié Chevalier Banneret, Seigneur du Chariol, de Celles, de Mongherte et autres lieux, advoué protecteur et vidame épiscopal de Saint-Flour et de l'insigne chapitre de Saint-Julien, de Brioude. Par aveu daté du mois de mars 1254, il reconnaît tenir en fief de l'abbaye noble de Montpeyroulx toutes les dîmes qu'il est en droit de prélever dans la paroisse de Celles, à l'exception des décimes du Puy de Mongherte, qu'il avoue tenir du seigneur de Volorre, Amé de Séverac. Par acte du premier jeudi de l'année suivante, il reçoit l'hommage et l'aveu du même seigneur de Volorre, qui reconnaît tenir de lui son fief et sa manse de Framont. Guillaume épousa Mahaldis Motier, Dame du Chariol, en Auvergne, ainsi qu'il appert de l'obituaire de Brioude, où l'on voit aussi que leur fille, Hélis de Bouillé, prit alliance avec Ponce Motier, seigneur de

Champestiers, lequel était le petit-fils de Ponce Motier, 1er du nom, seigneur de La Fayette et de Montmurol, en 1220. Relativement à la dignité de chevalier banneret dont Guillaume Ier se trouvait pourvu, il est bon d'observer, d'après Dutillet-Laroque et F. Ragueau, qu'elle ne pouvait être possédée que par les plus grands seigneurs, et qu'avant de laisser déployer bannière, on ne manquait jamais de commettre des hérauts d'armes pour aller vérifier, de par le roy, si le baron prétendant pouvait se faire *soubs-tenir à l'ost* par vingt-quatre chevaliers qui devaient être ses vassaux et soutenus chacun par un sergent d'armes et par un écuyer, sans parler ici des hommes de bataille, tels que lanciers, archers, arbalétriers, etc., dont vingt-cinq devaient toujours rester commis à la garde de la bannière, laquelle était de forme carrée, comme celle du roy (1). » C'est au même Guillaume de Bouillé qu'il faut rapporter la croix d'argent ancrée qu'on a toujours trouvée depuis ce temps là dans les armoiries et sur les sceaux ou signets de sa branche. Il est assez connu que toute la haute noblesse d'Auvergne avait pris la croix sous le règne de Saint Louis et sous la conduite de Hugues de Lusignan, comte de La Marche. *Wuil. Bolherrii, Eques auratus,* se trouve nommé parmi les *Magni Gallici* dans les lignages d'outre-mer;

---

(1) « L'ordre de Banneret est plus que chevalier,
« Comme à prets chevalier arrive bachelier,
« Puis à prets bachelier, écuyer, de maniesre
« Qu'à prets le duc ou roy vient seigneur à bannière.

(de Brieulx à Moyne de Caen. - V. *Moreri* au mot banpière).

ainsi, l'on ne saurait douter qu'il ait arboré cet insigne comme chef de bannière, afin de conserver dans sa maison la gloire et le souvenir des guerres d'Orient. Un titre original, daté de Damiette, le 2 novembre 1249, atteste que DALMAS DE BOUILLÉ (Bollerii) accompagna également saint Louis à la croisade de 1245.

Il paraitraît que vers la fin du XIVe siècle, la dite seigneurie DU CHARIOL, ancien fief de haut baronnage ou de haubert, aurait beaucoup perdu de son étendue, de sa puissance et de ses priviléges ; le pays se trouvait alors sous la domination de Jean de France, duc d'Auvergne et de Berry, lequel avait fini par s'approprier la presque totalité des droits régaliens et seigneuriaux, dans les deux provinces de son apanage.

V.   PIERRE DE BOUILLÉ, IIme du nom, CHEVALIER, SEIGNEUR DU CHARIOL-MOTIER, etc. Son prénom n'avait pas été connu par le président d'Hozier ; mais il est rapporté par Bollandus et par Baluze ; il est mentionné par Guillaume II, son petit-fils, dans une charte de l'année 1314, et l'on voit dans Justel qu'il avait eu pour fils de sa femme TIPHAINE, PIERRE DE BOUILLÉ, qui va continuer la filiation. (Ce nom de Tiphaine ne peut être que quelque prénom bizarre ; le nom de famille sera resté inconnu).

VI.   PIERRE DE BOUILLÉ, IIIme du nom, CHEVALIER, SEIGNEUR DU CHARIOL, de CELLES, de PISSABEN, DE BELMAS et DU PUY DE MONGHERTE. Il est cité comme défunt dans la charte scellée par son fils, en 1314, et dans le même titre cité par Justel. Il avait épousé SOUVERAINE DE LASTIC, grande tante de Jean de Lastic, grand maître de l'ordre de Rhodes. Il eut pour enfants :

1° GUILLAUME II dont on rendra compte ensuite et qui continue la filiation ;

5° JEHAN DE BOUILLÉ, chevalier de l'ordre militaire et hospitalier de Saint-Jean-de-Jérusalem, de Rhodes, commandeur et seigneur de Montferrand, au grand prieuré d'Auvergne, etc.

VII. GUILLAUME DE BOUILLÉ, IIme du nom, CHEVALIER, SEIGNEUR DU CHARIOL et CO-SEIGNEUR DE CELLES, du PUY MONGHERTE, et DE PISSABEN-LEZ-THIERS. On voit dans les archives de la comptorie de Clermont qu'il soudoyait XL hommes d'armes et CXXVI archers pour le service de Philippe-le-Bel en 1309, et qu'il avait reçu mission du pape Clément V pour sévir militairement contre le grand précepteur du temple, Usquin de Florian, ses adhérents et les autres templiers de la noblesse d'Auvergne. Dans un acte du jeudi après la fête du pape saint Grégoire, en 1314, il reconnaît que Messire GUILLAUME DE BOUILLÉ, son bisaïeul, avait tenu féodalement du révérend père abbé et des spectables religieux du couvent de Montpeyroulz, certains fiefs qui sont détaillés suffisamment par deux chartes affirmées et confirmées du sceau de l'officialité de Clermont. Il y est dit également qu'il est fils et légitime héritier de feu CHEVALIER, PIERRE DE BOUILLÉ, fils d'un autre PIERRE, également CHEVALIER et SEIGNEUR DU CHARIOL, aussi bien que son bisaïeul GUILLAUME. Le verbal de l'acte indiquant les mêmes redevances et réserves indiquées par GUILLAUME Ier dans son acte d'aveu de l'an 1254, ainsi qu'il se trouve à l'article du dit seigneur. GUILLAUME II ne vivait plus en 1328. Il laissa pour enfants :

1° **PIERRE DE BOUILLÉ**, IVme du nom, dont l'article suit :

2° **CHASTARD DE BOUILLÉ**, CHANOINE ET GRAND TRÉSORIER DE L'EGLISE COLLÉGIALE DE THIERS (¹)

3° **LUCE DE BOUILLÉ**, dite DU CHARIOL, ABBESSE ET BARONNE DE NOTRE-DAME-DE-VALROCHE, en 1371 et 1575.

VIII.   **PIERRE DE BOUILLÉ**, IVe du nom, CHEVALIER SEIGNEUR DU CHARIOL et autres lieux, se trouve mentionné dans une citation du parlement, dirigée contre les principaux nobles de la province et adressée au grand bailly d'Auvergne, Floris de Polignac, en date du troisième jour de mai 1328, afin d'ajourner à Paris les dits vassaux de la couronne de France, accusés d'avoir empiété sur les immunités, privi-

---

(1) On voyait autrefois les armes de la maison de Bouillé sculptées au dessus d'une des portes de cette ville.

léges ou possessions de certains ordres religieux ou monastères de leur pays. Tout donne à penser qu'en résultat du jugement, il se trouva libéré d'obligation féodale envers l'abbaye de Montpeyroulx, car à dater de cette contention féodale, on ne voit plus qu'aucun seigneur du Chariol ait prêté foi et hommage à la crosse et à la mître du dit couvent. PIERRE IV est qualifié CHEVALIER dans le traité nuptial de son fils Loÿs (Louis), ainsi que dans un acte d'émancipation pour son fils PIERRE V. Il appert aussi d'un autre acte également scellé par son ordre et sous ses yeux, le lundi avant la fête Sainte-Marie Madeleine 1351. Il avait épousé ADELAIS DE LA ROCHE NASTRAC, fille de Guy de La Roche, baron de Nastrac, et dont il eut :

1° LOŸS DE BOUILLÉ, qui continue la filiation ;

2° PIERRE DE BOUILLÉ, CHEVALIER DE SAINT-JEAN-DE-JÉRUSALEM, et depuis COMMANDEUR DE MILHAU, et à ce titre SEIGNEUR DE VAULT et de COMBEBREN, en Rouergue. Il fut émancipé par son père en 1351, et par le dit acte, il renonce à tous ses droits sur les biens qui proviendraient de l'héritage de ses père et mère. Il obtient en retour de sa renonciation la jouissance d'un vaste manoir qu'il appelle *Hospitium suum vocatum de Porcharesses*, situé dans la ville de Thiers. Son père ajoute à la donation du dit hospice une rente annuelle de XL livres tournois, énorme pension pour un puiné du XIV° siècle, et qui doit prouver la richesse de leur maison. Un des témoins et garants de l'assignation susdite est le chevalier Jehan de Bouillé, qui mourut commandeur de Rhodes et dont on a parlé à l'article Pierre III.

3° PHILIPPE DE BOUILLÉ, Damoiselle de Purch et de Lavergne en Entre-Monts, seigneuries qui lui furent données par son père en épousant, par contrat du 11 juin, jour et fête de saint Barnabé 1376, Messire Hugues de Frédeville, Chevalier, Seigneur et Patron de Frédeville, et conseiller du roi Charles V, en ses conseil d'en haut et conseil étroit, cheftain de Mercœur, et premier chambellan de Jehan de France, duc de Berry et duc et comte d'Auvergne. La postérité de Philippe de Bouillé, Dame de Frédeville, ne s'est éteinte en Normandie qu'en 1623, en la personne d'Elisabeth de La Touche Frédeville, qui perdit si déplorablement son mari, le célèbre comte de Montgommery, Gabriel de Lorge, et qui fut surnommé *l'Arthémise française*.

IX. LOŸS DE BOUILLÉ, Chevalier, Seigneur du Chariol, fils aîné de Pierre IV, épousa, par acte du jeudi avant la Saint-Urbain 1351, Noble Damoiselle Isabeau de la Groslière, fille de Messire Guy de la Groslière, chevalier de l'ordre du roi de Sicile, châtelain de Puysagut et du Prat de Viviers, et de noble dame de Philippe de Montcelles, dame en partie de Pompadour au vicomté de Limoges et d'Orières en Gévaudan, laquelle était sœur du cardinal de Montcelles, patriarche d'Antioche et légat *à latere* du pape Clément VI, auprès de Jean Paléologue, empereur d'Orient. Le même Loys est qualifié Chevalier, dans la charte d'un acensement qu'il accorde en 1389 à un bourgeois notable de Chateldon. Il fit sceller un nouvel acte d'acensement le 4 juin 1400, et reçut le 17 août de la même année l'aveu de servitude avec l'hommage de fidélité de Daniel de Fay, dont la seigneurie de Vaussey relevait de celle du Chariol et l'obligeait à venir présenter au dit manoir, à chaque mutation de seigneur et de vassal, un fer de lance avec un *haulme à pennes roulœes et trois piques dorées*. Loys de Bouillé ne vivait plus le 16 mai 1423. On voit qu'il avait eu les enfants qui suivent :

1° GUILLAUME DE BOUILLÉ, IIIme du nom, qui continue la filiation ;

2° VÉSIAN DE BOUILLÉ, damoiseau, qui vivait avant l'année 1414, et qui se trouve mentionné dans les preuves à l'appui de la généalogie de la maison de Fay de La Tour Maubourg ; il avait épousé Thaïs de Murat, dont il eut pour fille unique Iseult de Bouillé, laquelle épousa Bertrand de Goth, seigneur de la Courtine, au-Comté, et de Castelpers. Elle est désignée dans un acte sous mentionné, comme étant la nièce de Guillaume III qui va suivre.

3° GENSONNE DE BOUILLÉ, dite du Chariol, souveraine prieure de l'archi-confrérie des Saints Anges en 1417, et morte abbesse de Saint-Michel-en-Vallée, le 2 juin 1422.

4° MATHELINE DE BOUILLÉ, dite du Chariol, Damoiselle de Surgeac et d'Auchals, morte en 1419 sans avoir été mariée, et dont on voyait l'épitaphe en l'église d'Arpajounie-les-Milhau, dont elle était bienfaitrice.

5° JOSEPH DE BOUILLÉ, chanoine de l'église primatiale et comte de-Lyon en 1422.

X. GUILLAUME DE BOUILLÉ, IIIme du nom, Chevalier, Seigneur du Chariol, de La Faye-Montravel, etc. Par un acte du 16 mai 1423, il fait donation de ses biens libres à noble et puissante dame Béatrix de Montravel, son épouse, laquelle était fille de noble et puissant Messire Guy de Montravel, seigneur de La Faye, surnommé l'*Hermite de La Faye*. Béatrix avait apporté dans la maison de Bouillé les seigneuries avec les domaines et châteaux de La Faye-Montravel et de Bruhan, en Auvergne, les châteaux et terres de Méziat et des Ectables, en Languedoc, ainsi que le péage de Malpaz du Rhône, avec les juridictions de mère et mixte impère, haute justice et prérogatives en domination sur fiefs, arrière-fiefs et manoirs de noblesse, ainsi que droit de patronage ecclésiastique et tous autres droits nobles appartenant aux dits châteaux et seigneuries provenus de ses héritages paternel et maternel. PHILIPPE DE MONTRAVEL, sœur puinée de Béatrix, avait épousé ANTOINE DE MONTCHENU, chevalier-seigneur de Beausemblant et autres lieux, en Dauphiné. GUILLAUME III était mort à la fin de l'année 1428, et sa veuve était encore vivante au mois d'août 1438, ainsi qu'il appert de plusieurs actes où sont mentionnés leurs enfants qui suivent :

1° GUILLAUME, IVe du nom, qui continue la filiation ;

2° JEHAN DE BOUILLÉ, reçu chanoine et comte de Brioude en 1444 ;

3° L'HERMITE DE BOUILLÉ ;

4° BERNARD DE BOUILLÉ, tous les trois nommés au contrat de mariage de leur frère aîné, Guillaume, en 1438.

5° JEHANNE DE BOUILLÉ, mariée à Messire GÉRARD DE CHASLUX, IIme du nom, lequel était fils de Hugues III, sire de Chaslux et de Jehanne de Marcenot d'Ovempierre. Ils vivaient en 1423 et 1442, ainsi qu'il appert des titres que cette maison a produits en 1666, à l'effet de motiver son arrêt de maintenu.

XI. GUILLAUME DE BOUILLÉ, IVme du nom, CHEVALIER, SEIGNEUR DU CHARIOL, de BELMAS, de CELLES, du PUY DE

MONGHERTE., de PISSABEN-LEZ-THIERS, châtelain de Bruhan, de Méziat, des Ectables, de Malpas, de Saint-Bonnet, du Vialard, de Coulanges, de Neyroude, et de Rochefort en Valentinois, épousa, par contrat du 19 août 1438, noble et puissante DAMOISELLE ALISE DE MÉZET, veuve de Jacques d'Estaing, baron de Murol, et fille de Messire Antoine de Mézét, chevalier, châtelain de Coulanges, et de noble et puissante dame Souveraine de Saint-Aignan, dame de Saint-Bonnet et de Rochefort. GUILLAUME IV était mort avant le 11 juin 1477, ainsi qu'il appert d'un titre de la dite année, et sa femme ALISE était encore vivante le 1er septembre 1477. Ils ont laissé pour enfants :

1° PIERRE, VIme du nom, qui va suivre.

2° GUY DE BOUILLÉ, ALIAS DU CHARIOL, qui prit les ordres de clergie séculière et qui fut apanagé de la seigneurie de ROCHEFORT en Valentinois, qui faisait partie du riche héritage de son aïeule, Souveraine de Saint-Aignan.

3° ANTOINE DE BOUILLÉ, qui fut châtelain de COULANGES en 1477, et de qui provient la branche de Coulanges et du Troncay, rapportée plus loin.

4° JEHAN DE BOUILLÉ,

5° ANNET DE BOUILLÉ,

6° HENRY DE BOUILLÉ,

désignés comme religieux Bénédictins et Antonins, dans un titre de l'an 1498.

7° JAINET DE BOUILLÉ, chanoine et comte du très noble et insigne chapitre de Saint-Julien de Brioude en 1470, ainsi qu'il appert du nécrologe de cette église.

XII.   PIERRE DE BOUILLÉ, VIme du nom, ALIAS DU CHARIOL, qualifié noble et puissant seigneur, chevalier, conseiller et chambellan du roi, CHATELAIN HAUT JUSTICIER, SEIGNEUR et PATRON DU CHARIOL, de ROCHEFORT, de MÉZÉAT, de NEYROUDE, etc. Il avait épousé du vivant de son père et peut-être sans le consentement de ce dernier, qui n'intervient pas au contrat, noble damoiselle CATHERINE DE LA ROÜE, et qui reconnaît avec son mari, par un acte du 2 mai 1491, qu'elle a reçu la totalité de ses deniers dotaux. La dite CATHERINE était de la même famille qu'Antoinette de La Roüe, qui avait épousé en 1149 Guillaume V, sire de Tournon, grand sénéchal du pays d'Arles, et l'un des premiers seigneurs de l'Occitanie. PIERRE DE BOUILLÉ était veuf en 1493 et laissa les enfants qui suivent :

1° PIERRE, VIIme du nom, qui mourut jeune et sans alliance, étant bachelier-ès-armes.

2° GUILLAUME DE BOUILLÉ, Vme du nom, qui fut protonotaire impérial et du Saint-Siége apostolique, chanoine et grand chantre de l'église collégiale de Thiers. Il est qualifié SEIGNEUR DE NEYROUDE et vivait encore en 1534.

3° GASPARD DE BOUILLÉ, qui continue la filiation.

4° MARGUERITE DE BOUILLÉ, qui avait pris alliance avec GILBERT DE VERNAY, seigneur du dit lieu, et qui en était veuve en 1495.

5° PÉRONNE DE BOUILLÉ, qualifiée DAMOISELLE DU CHARIOL en 1493 et 1497.

XIII. GASPARD DE BOUILLÉ, Ier du nom, est qualifié haut et puissant seigneur, CHEVALIER, CHATELAIN, SEIGNEUR ET PATRON DU CHARIOL, BARON D'OROUZE, de TINIÈRES, de CELLES, de NEYROUDE, de COMPTAING et de ROCHEFORT en Valentinois. Par acte du 14 avril 1495, il fait hommage au roi, duc et comte d'Auvergne pour les seigneuries qu'il y possède et qui relèvent de la Tour du Louvre, *directement et sans mitoyens seigneurs*. Il avait épousé, par contrat du 3 janvier 1493, haute et puissante DAMOISELLE ANNE D'URFÉ, fille de Messire Jehan d'Urfé, chevalier de l'ordre, baron d'Orouze, de Tinières, de Cailly, de Gasc et de Beaulieu, grand bailly de Forez et du Velay, conseiller et chambellan des rois Louis XII et François 1er, et de sa femme Isabelle de Langeac, fille de Jacques II, sire de Langeac, et de Marie de Clermont, comtesse de Lodève (1). GASPARD DE BOUILLÉ prit alliance en secondes noces avec

---

(1) Les sires et marquis d'Urfé, qui ont eu l'honneur de s'allier directement à la Maison Royale de Savoie et à la famille Impériale de Lascaris, n'ont pas acquis moins d'illustration pour avoir produit ce valeureux et brillant comte d'Urfé, grand écuyer de France, et qui fut l'aïeul du célèbre Honoré d'Urfé, le galant écrivain.

MARGUERITE DE LA GRANGE, DAME DE CHARLUS et de BOSTIS en Berry, laquelle était de même famille que le maréchal et le cardinal Henry de La Grange, dont la fille, Marie de La Grange d'Arquin, étant veuve de Jacob Radziwil, prince de Zamosc et palatin de Sandomir, épousa l'illustre Jean Sobieski, roi de Pologne en 1674. Il n'est pas resté postérité du second mariage de GASPARD DE BOUILLÉ, lequel avait eu de sa première femme, ANNE D'URFÉ, les enfants qui suivent :

1° ANTOINE DE BOUILLÉ, qui va continuer la branche aînée jusqu'à la XVIme génération directe.

2° GASPARD DE BOUILLÉ, IIme du nom, qui forma le rameau des SEIGNEURS DU CHARIOL, duquel est issu le chef actuel de la maison de Bouillé.

3° JEAN DE BOUILLÉ, chanoine de l'église collégiale de Saint-Génois, protonotaire apostolique et comte du Palais de Latran.

4° GUILLEMETTE DE BOUILLÉ,

5° CLAUDE DE BOUILLÉ,

6° MARGUERITE DE BOUILLÉ,

} Religieuses au prieuré de Saint-Preject, diocèse de Saint-Flour.

7° JEANNE DE BOUILLÉ, qui s'allia, par contrat passé le 30 novembre 1540 au château du Chariol, avec MESSIRE PIERRE DE SERMUR, SEIGNEUR DE QUEYROT-EN-VELAY, de LA BESSARIDE et DE LA GARDE-SUR-OUVÈSE. On voit dans

Guicheneau qu'une fois veuf, il embrassa l'état ecclésiastique, et qu'il fut élu par le duc de Savoie, Emmanuel-Philibert, en 1544, ARCHEVÊQUE et PRINCE DE TARENTAISE.

8° ANTOINETTE DE BOUILLÉ, DU CHARIOL, mariée vers l'année 1515, avec MESSIRE JEAN DE TOURNON, SEIGNEUR DE CHATEAUNEUF et lieutenant de XL lances, lequel avait accompagné son cousin, le vicomte de Lautrec, Odet de Foix, à l'entreprise de Naples, où il mourut de la peste, ainsi que son frère aîné, Antoine de Tournon, comte de Roussillon. ANTOINETTE DE BOUILLÉ, sa veuve, était encore vivante en 1545.

XIV. ANTOINE DE BOUILLÉ, Ier du nom, qualifié haut et puissant seigneur, chevalier de l'ordre du roi, BARON D'OROUZE, de NEYROUDE et de TINIÈRES, SEIGNEUR DE COMPTAING, CAILLY, LAGARDE et autres lieux, cheftaine général du ban et de l'arrière-ban de la noblesse d'Auvergne, de La Marche, du Rouergue et du Quercy, *comme aussy des douze mille hommes de pied de l'arrière-ban languedocien*. Dans un acte de partage en date du 8 avril 1533, il transige avec GASPARD, son second frère, et dans un autre acte du 15 septembre 1545, il y dit expressément que s'il a délaissé la possession de la terre DU CHARIOL à son puiné, c'est parce qu'il n'a pu retrouver un ancien titre en vertu duquel la dite seigneurie, *un des plus beaux membres de*

leur succession paternelle, était substituée au premier mâle.
ANTOINE DE BOUILLÉ avait épousé haute et puissante dame CATHERINE D'ESTAING, DAME DE LAGARDE, etc., veuve de MESSIRE JEAN DE CARDAILLAC, BARON DE LA CAPELLE, en Albigeois, gouverneur de Bayonne, etc.; laquelle Catherine était fille de Messire Guillaume d'Estaing, chevalier de l'ordre, vicomte d'Estaing, de Cadars, de Cheillanes, de Murol, de Landhorre et autres lieux, et de haute et puissante dame Anne d'Esparron. ANTOINE DE BOUILLÉ commandait le ban et l'arrière-ban de la noblesse d'Auvergne, de La Marche, du Rouergue et du Quercy, en 1549, ainsi qu'il appert de ses lettres de convocation signées par Henri II et datées du 3 juillet, et par lesquelles il est qualifié CHEVALIER DE L'ORDRE. En secondes noces et par contrat du 8 octobre 1534, il épousa haute et puissante damoiselle JEANNE DE JOYEUSE, *âgée de XVI ans et huict moiz,* fille de feu Messire Charles, sire et vicomte de Joyeuse, baron de Saint-Didier, de Laudun, de Bothiou, d'Arques et de Cauvissan, et de haute et puissante dame Françoise de Mevillon de Bressieux, son épouse. La future étant assistée dans le dit contrat par Révérendissime père en Dieu, Messire Louis de Joyeuse, archevêque de Thêbes et évêque de Saint-Flour, et par Messire Louis de Joyeuse, évêque d'Aleth, ses oncles paternels et ses tuteurs (1). Après la mort de

---

(1) Louis de Joyeuse, oncle de Jeanne, avait fait alliance en 1477 avec Jeanne de Bourbon-Vendôme, et son père Charles, vicomte de Joyeuse, était l'aïeul de Guillaume, IIme du nom, maréchal de France, lequel avait épousé Marie de Bastarnay, comtesse

son mari, ANTOINE DE BOUILLÉ, le 4 août 1555, JEANNE DE JOYEUSE étant chargée de la tutelle de ses enfants, intenta un procès contre Antoine de la Faye, dit l'Hermite, et Christophe de Gallard, seigneur de Tressonet, au sujet de la possession de la seigneurie de La Faye-Montravel qu'elle réclamait pour ses enfants mineurs. Elle perdit cette cause au tribunal de la sénéchaussée d'Auvergne, par sentence du mois de janvier 1558, sentence confirmée par arrêt du parlement de Paris le 27 juillet 1560. — Du mariage d'ANTOINE DE BOUILLÉ avec CATHERINE D'ESTAING il était provenu :

1° **PIERRE DE BOUILLÉ**, VIIIme du nom, qui mourut dans son enfance. Il n'est fait mention de lui que dans le testament de sa sœur MARIE, DAME D'HEUDICOURT, qui fonda une lampe sur son tombeau dans l'église d'Estaingville, où, dit-elle, il avait été écrasé par la chûte d'une poutre.

---

du Bouchage et princesse de Briançon, dont il eut pour enfants : 1° Anne, duc de Joyeuse, amiral et pair de France, qui avait épousé Marguerite de Lorraine, sœur de la reine Louise, épouse du roi de France Henri III ; 2° François de Joyeuse, cardinal de la Sainte Eglise Romaine, archevêque de Narbonne et de Rouen ; 3° Henry, duc de Joyeuse, pair et maréchal de France, lequel épousa Catherine de Nogaret de La Valette et d'Espernon, dont il eut pour fille unique Henriette de Joyeuse, alliée premièrement à Henry de Bourbon, duc de Montpensier, et en secondes noces à Charles de Lorraine, duc de Guise.

2° MARIE DE BOUILLÉ, mariée en 1530 à Messire Michel Sablet, Seigneur d'Heudicourt et de Noyers, Baron de Nangu, etc., de qui fut issu Michel II, marquis d'Heudicourt, grand louvetier de France en 1684.

Antoine de Bouillé avait eu de son mariage avec Jeanne de Joyeuse :

3° JACQUES DE BOUILLÉ, qui continue la filiation.

4° JEAN DE BOUILLÉ,

5° JAQUELINE DE BOUILLÉ,

6° ANTOINE DE BOUILLÉ,

7° FRANÇOIS DE BOUILLÉ,

8° GASPARD DE BOUILLÉ,

9° JEANNE DE BOUILLÉ,

nommés dans un arrêt du parlement de Paris, obtenu par leur mère Jeanne de Joyeuse, en date du 24 août 1558.

10° FRANÇOISE DE BOUILLÉ, mariée par contrat du 3 novembre 1559 avec Messire Guy, Seigneur de Rochebriand, fils de feu Messire Pierre de Rochebriand, chevalier de l'ordre du roi, seigneur du dit lieu, capitaine châtelain de Blagnac et de Blaye, et de très noble dame Aliénor de Comptour, dame de Gioux et de Térandelis.

11° ANNE DE BOUILLÉ, qui épousa, par acte du 12

janvier 1560, Messire François d'Aurelle, Chevalier, Baron de Colombières, etc.

XV. JACQUES DE BOUILLÉ, Ier du nom, fils aîné d'Antoine Ier et de Jeanne de Joyeuse, est qualifié Haut et puissant Seigneur, Chevalier, Baron d'Orouze et autres lieux, sénéchal de la noblesse d'Auvergne et gouverneur de Clermond-Ferrand. Il avait épousé avant le 11 avril 1571, très noble damoiselle Gilberte Barthon de Massenove. Elle était fille de Messire Jean Barthon, seigneur de Massenove, de La Rochenazil et de Peyrat, et de très noble dame Jeanne de Puychal d'Orbezan, de Pestels, de Tubières, laquelle avait fait alliance en secondes noces avec Henry, Baron de Caylus.

Il était provenu de Jacques de Bouillé :

1° **FRANÇOIS DE BOUILLÉ**, qui va suivre

2° **ORRY DE BOUILLÉ**, Alias d'Orouze, chanoine de la Basilique archiprimatiale de Saint-Jean et comte de Lyon en 1598, prieur et seigneur de Brezolles, au Perche, et de Saint-Léon, diocèse de Rhodez.

3° **GILBERT DE BOUILLÉ**, abbé commendataire de Saint-Jean de Beaulieu et de Sainte-Madeleine en Dunois, chanoine et promoteur de l'officialité métropolitaine de Toulouse, et prieur de Marcigny-sur-Loire en 1602.

4° CATHERINE DE BOUILLÉ, mariée par contrat passé le 24 juillet 1605, avec Messire JACQUES DES JACGUES, SEIGNEUR D'ABLÉRAT et DE CROUPIAC, au diocèse de Saint-Flour, lequel était issu par plusieurs générations d'Urbain des Jacobis, comte du sacré palais, gonfalonier de la sainte église romaine et préfet du prétoire apostolique sous le pontificat de Clément VI.

XVI. FRANÇOIS DE BOUILLÉ, IIme du nom, mourut très jeune. Il se trouve qualifié, dans un acte du Chartrier de Caylus, HAUT ET PUISSANT SEIGNEUR, CHEVALIER, COMTE DE BOULLIER, BARON D'OROUZE, DU CHARIOL, TINIÈRES, MONGHERTE et autres lieux. Il avait épousé vers l'an 1600 haute et puissante Damoiselle ROSE DE LIGNERAC, fille de Messire François de Lignerac, dit Robert, comte de Lignerac, sire de Mûre et de Nérestang, chevalier de l'ordre du roi, capitaine de XL hommes d'armes de ses ordonnances, grand baillif d'épée, lieutenant général au gouvernement de la Haute-Auvergne, gouverneur d'Aurillac, capitaine des gardes du corps de la reine Elisabeth d'Autriche, et de noble et puissante dame Catherine d'Hautefort Montignac (1). De son mariage avec ROSE DE LIGNERAC, FRANÇOIS COMTE DE BOUILLÉ laissa pour fille unique :

---

(1) Le chef et l'unique héritier de la maison de Lignerac était récemment Henri Robert de Lignerac, duc de Caylus, marquis de Lignerac et de Nerestang, comte de Buchy Saint-Clair, pair de

ANGÉLIQUE DE BOUILLÉ, héritière de sa branche, BARONNE D'OROUZE, qui prit alliance avec EMMANUEL, MARQUIS D'ALLÈGRE, et qui mourut deux mois après son mariage. Elle avait disposé de sa terre d'OROUZE en faveur de son mari. EMMANUEL D'ALLÈGRE eut pour seconde femme Marie de Rémond de Modène, veuve de Gabriel Motier de la Fayette, baron de Champestiers. De ce mariage, il est provenu pour fils unique Ives III, marquis d'Allègre et de Tourzel, baron d'Orouze, de Milhau et d'Aubusson, maréchal de France et chevalier des ordres. On voit comment cette baronnie d'Orouze qui venait de la maison d'Urfé est passée dans celle de Tourzel par donation d'ANGÉLIQUE DE BOUILLÉ, marquise d'Allègre.

BRANCHE DES SEIGNEURS DU CHARIOL
CHATELAINS DE ROCHEFORT ET COMTES DE BOUILLÉ

XIV. GASPARD DE BOUILLÉ, IIme du nom, second fils de GASPARD 1er et d'ANNE D'URFÉ, est qualifié CHEVALIER, SEIGNEUR DU CHARIOL, DE ROCHEFORT, DES QUAIRES et DE LA-

---

France et grand d'Espagne de 1re classe, à titre d'héritier et descendant des comtes de Tubières et Caylus, issus de Jeanne de Puychal d'Orbezan, belle-mère de JACQUES DE BOUILLÉ, baron d'Orouze, ci-dessus mentionné.

borie. Par acte du 8 avril 1533, il transige avec son frère, Antoine, Baron d'Orouze, au sujet de la succession paternelle, ainsi qu'on l'a dit à l'article du dit seigneur. Gaspard de Bouillé avait épousé, le 21 janvier de la même année 1533, très noble damoiselle Anne de Rochebriand, fille de Messire Pierre, Seigneur de Rochebriand, chevalier de l'ordre et gouverneur pour le roi des villes et châteaux de Blagnac et de Blaye, et de très noble Aliénor Léonie de Comptour, dame de Groux et de Térandelis; mais il ne paraît pas que Gaspard de Bouillé ait eu d'enfants de ce mariage. Par contrat du 21 août 1548, il prit une seconde alliance avec très noble damoiselle Marie de Lérin, laquelle était issue des anciens comtes d'Urgel, de la maison de Barcelone, et qui était fille de très noble seigneur Messire Aymard de Lérin, seigneur des Quaires et de Laborie, premier écuyer de la reine-mère, etc., et de très noble dame Gabrielle de Benaud de Villeneuve (1). Gaspard de Bouillé paraît dans différents actes du 27 avril 1551, 4 avril 1555, 15 septembre 1564, 21 octobre 1565 et 21 juillet 1570. Il ne vivait plus le 5 mai 1584, et sa veuve n'existait plus le 12 août 1594. Il eut de son mariage avec Marie de Lérin d'Urgel.

1° ALEXANDRE, ALIAS DE BOUILLÉ, dont l'article suivra celui de son frère Amable.

2° AMABLE DE BOUILLÉ. du Chariol, Seigneur

---

(1) La sœur de Gabrielle de Benaud de Villeneuve, Louise de Benaud, femme d'Honoré de Rodulph, seigneur de Linans et d'Isbourg, était l'aïeule maternelle du connétable de Luynes.

des Quaires, par suite du partage qu'il fit avec son frère Alexandre, en date du 12 août 1594. Il épousa, le 7 juillet 1598, noble Damoiselle du Lacq de Puidenot dont furent issus :

A. – GILBERT DE BOUILLÉ, du Chariol, Écuyer, Seigneur des Quaires, marié en 1631 à noble Damoiselle Marie-Madeleine Chalvet de Rochemonteix, fille de Messire Jean Chalvet de Rochemonteix, écuyer, seigneur du Cairé, des Roncières, de Marmier, de Nastrac, de Saint-Julien d'Ormeth et autres lieux, et de très noble dame Marie de Salesses, des comtes de Scylla. — Gilbert de Bouillé fut maintenu dans sa noblesse d'ancienne extraction par déclaration du 30 novembre 1666. Il avait eu pour enfants : Amable, Alexandre et Jean de Bouillé, qui furent compris dans la même déclaration de maintenue que Gilbert leur père.

B. – MICHELINE DE BOUILLÉ, du Chariol, mariée par acte de 1664 à Messire Jacques-Etienne Henry du Lacq, Seigneur de Puydenot, de La Bastic-Foyasse et autres lieux.

C. – PAULE DE BOUILLÉ, du Chariol, mariée la même année à Messire Jean d'Oradour, Seigneur d'Authezat, etc., grand baillif d'Auvergne et fils de Messire Charles, baron d'Oradour, aussi grand baillif d'Auvergne, et de très noble dame Anne de Rosières d'Amblimont.

3° GUY DE BOUILLÉ, Alias du Chariol, chanoine, comte du chapitre de Saint-Julien de Brioude.

4° MICHEL DE BOUILLÉ, Chevalier, grand croix de l'ordre militaire et hospitalier de Saint-Jean de Jérusalem, en 1619, grand bailli de l'ordre et commandeur de Montagny-le-Templier, en 1621.

5° ANTOINE DE BOUILLÉ, chanoine et comte du chapitre de Saint-Julien de Brioude en 1598 ; prieur commendataire et seigneur de Saint-Cernin-sur-Lignon, par dévolu contre le maréchal Henry de La Tour, duc de Bouillon, *qùy debtenait hérétiquement le dit bénéfice.*

6° ANTOINETTE DE BOUILLÉ, du Chariol, mariée à haut et puissant seigneur, François de Chauvigny, Baron de Blot, Vicomte de Pradelles et Premier Baron du Gévaudan, dont elle était veuve en 1589 et pour le salut duquel elle fit une fondation pieuse à l'église de Brioude.

XV. ALEXANDRE DE BOUILLÉ, ALIAS DU CHARIOL, chevalier des ordres militaires et hospitaliers de Notre-Dame du Mont-Carmel et de Saint-Lazare de Jérusalem, Nazareth et Bethléem, SEIGNEUR DU CHARIOL, de CELLES, de MONTUYSANT, de GONDOLLE-CAYLUS et autres lieux, épousa le 17 janvier 1617, haute et puissante dame JEANNE DU PRAT DE NANTOUILLET, veuve de Messire Sébastien de Brezons, seigneur de Neyrebrousse, et fille unique de Messire Anne du Prat, de Nantouillet, seigneur de Gondolle-Caylus, de Chavignac, de Verrières, etc. (1), et de Madeleine de Mars. ALEXANDRE DE BOUILLÉ avait reçu les colliers de Notre-Dame du Mont-Carmel et de Saint-Lazare, en 1638, ainsi qu'il appert du verbal signé par Charles-Achille, marquis de Nérestang, grand maître de ces deux ordres, et qui se dit *nepveu de germain d'iceluy, très noble seigneur* DU CHARIOL. ALEXANDRE était mort avant le mois de novembre 1639, ayant eu de son mariage avec JEANNE DU PRAT les cinq enfants qui suivent :

1° AMABLE DE BOUILLÉ, dont l'article suit ;

2° GILBERT DE BOUILLÉ,

3° ALEXANDRE DE BOUILLÉ,

4° MARIE DE BOUILLÉ,

---

(1) Anne Du Prat était issue directement d'Antoine Du Prat, seigneur de Nantouillet, baron de Thiern et de Thourg, chancelier de France et de Bretagne, qui, après la mort de sa femme, Françoise

Ces trois derniers, morts pendant leur jeunesse, mentionnés dans le testament de leur père, daté du 3 octobre 1636, mais dont il n'est plus fait mention dans des actes postérieurs.

5° **CHRISTOPHE-ALEXANDRE DE BOUILLÉ**, dit le Commandeur du Chariol, reçu en 1636 chevalier de l'ordre Militaire et Hospitalier de Saint-Jean de Jérusalem de Malte, Commandeur et Seigneur de Courteserre en langue d'Auvergne, Commandeur de Limoges, de Villedieu, de Monturry et de Salles, en Franche-Comté, abbé commendataire et baron de Locidien, prieur commendataire et seigneur patron de Notre-Dame, Saint-Pierre et Saint-Paul, au diocèse d'Autun, co-seigneur et prélat de Montigny du Temple, conservateur des priviléges de l'ordre, assistant de l'éminentissime grand maître, général des galères de Malte, capitaine des vaisseaux du Roi très chrétien. Christophe-Alexandre de Bouillé rendit des services signalés et nombreux à la religion de Malte, et notamment en 1656, contre la flotte turque, sur la galère qu'il commandait : il s'empara, sous le feu des

---

de Veiny, d'Arbouze entra dans les ordres et devint archevêque de Sens, primat des Gaules Belgiques, évêque de Meaux et d'Alby, cardinal de la sainte Eglise Romaine, et légat *à latere* du pape Clément VII.

Dardanelles, du vaisseau-amiral turc, la *Mahométique*, et conquit plusieurs drapeaux musulmans qu'il fit déposer dans les églises de ses commanderies de Limoges et de Salles.

XVI. AMABLE DE BOUILLÉ, IIme du nom, Chevalier, Seigneur du Chariol, de Montuysant, de Colange, de Radat, de Reillac, de Chéry, La Blanchisse et autres lieux, épousa par acte du 1er avril 1639, très noble Damoiselle Gilberte de La Richardie de Chéry, fille de Messire Jean de La Richardie, chevalier, seigneur de Chéry, mestre de camp de cavalerie, etc., et de très noble dame Louise de Blanzat d'Orbein de Saint-Estève. Il fut maintenu dans sa noblesse d'ancienne chevalerie, par arrêté du 30 novembre 1666 et du 13 avril 1669, et par acte d'aveu du 10 août suivant, il rendit hommage au roi pour son château-fort de La Blanchisse, en y faisant le dénombrement de la dite seigneurie, qui mouvait et relevait de Sa Majesté. Amable II ne vivait plus au mois d'août 1675 et laissa de Gilberte de La Richardie :

1° CHARLES-LOUIS DE BOUILLÉ, du Chariol, Seigneur de Reillac, qui vivait en 1684 et mort sans alliance.

2° CHARLES DE BOUILLÉ, Seigneur de La Blanchisse. — On voit que ses frères et sœurs lui firent donation de ce dernier domaine, par acte du 14 janvier 1684. Il eut une jambe emportée à la bataille de Cassel.

3° **CHRISTOPHE DE BOUILLÉ**, Chevalier, Seigneur de Radat, fut tué en Allemagne en 1688, servant dans les gardes du corps, en qualité d'exempt de la 1re compagnie. Il ne laissa pas d'enfants de son mariage avec Louise Chabrol, sœur d'Amédée Chabrol, chevalier de Saint-Louis et major au régiment du Perche (1).

4° **ALEXANDRE DE BOUILLÉ**, Seigneur de Colange en Forez, mort en 1690, maréchal de camp des armées du roi, inspecteur général de l'infanterie française, gouverneur du pays de Maurienne et Tarentaise, sous le commandement du maréchal de Catinat, pendant la guerre de Savoie. Il avait épousé, par contrat du 5 février 1674, très noble et puissante dame Michelle-Gabrielle de Chabannes-Curton, veuve en premières noces de feu René de Falevard, écuyer, seigneur de Par. De ce mariage, il n'y a pas eu de postérité.

5° **FRANÇOIS DE BOUILLÉ**, qui suit et qui continue la filiation.

---

(1) Nous avons tout lieu de croire que Louise Chabrol appartenait à la même famille que M. le comte de Chabrol Crouzol, pair de France, ministre de la marine et plus tard des finances sous Louis XVIII et Charles X; que le comte de Chabrol Volvic, préfet de la Seine sous la Restauration, et que le comte de Chabrol de Tournoël, député du Puy-de-Dôme à la même époque.

6° MARGUERITE DE BOUILLÉ, Damoiselle du Chariol, qui participe en 1684 à la donation des terres et château de La Blanchisse, en faveur de son frère Charles.

XVII. FRANÇOIS DE BOUILLÉ, du Chariol, IIIme du nom, qualifié haut et puissant seigneur, Chevalier, Seigneur de Reillac et du Fraisse-en-Entremonts. Il est à remarquer que depuis l'année 1254, François de Bouillé est le premier Agnat en chef de sa maison qui n'ait plus été possessionné des seigneuries hautes justicières et patronales du Chariol, de Celles et du Puy Mongherte. A l'exemple de presque tous les gentilshommes français, il avait noblement sacrifié son ancien patrimoine pour le soutien de l'État et à la gloire de la couronne, par un long et généreux dévoûment à peu près gratuit. Il avait été grièvement blessé dans plusieurs actions d'éclat et notamment au siége de Tournay, où l'on voit qu'il commandait le poste du bastion d'Antoing, pendant l'attaque du 1er juillet 1709. Après avoir servi en qualité d'enseigne de la lieutenance colonelle du régiment de Conty, de capitaine de grenadiers au régiment de Vexin, de lieutenant-colonel du même régiment, il se retira dans ses montagnes d'Auvergne avec la croix de Saint-Louis, un brevet de colonel et une pension de 600 livres. Il avait épousé, par acte du 2 janvier 1702, noble demoiselle Marie-Louise de Sonnaville, fille de noble François Pierre de Sonnaville, écuyer, conseiller du roi, intendant de ses finances, et receveur général pour

Sa Majesté dans la province de Gueldre et autres pays conquis, et de noble dame Bernardine Marie Terrier de Janvry. Ils avaient eu pour enfants :

1° JEAN-GASTON DE BOUILLÉ, qui va suivre ;

2° LOUISE-MARGUERITE DE BOUILLÉ,

3° MARIE-ANNE DE BOUILLÉ,

Ces deux dernières mortes sans avoir été mariées.

4° GASPARDE-MADELEINE DE BOUILLÉ, prieure perpétuelle de l'église de Champchanoux en Bourgogne, en 1747.

5° GABRIELLE-MARGUERITE-OLYMPIE-JEANNE DE BOUILLÉ, abbesse de l'église royale de Notre-Dame de Meaux en 1761, dame châtelaine et patronne, en cette qualité, de Mesnilmont, du Chesnel en Brie, d'Aurangis en Gâtinais et autres lieux, et depuis abbesse de Préaux, près Pont-Audemer, en Normandie.

XVIII. JEAN-GASTON DE BOUILLÉ, du Chariol, Comte de Bouillé, Chevalier, Seigneur de Reillac, du Fraisse-en-Entremonts, du Cluzel-au-Guers, d'Hauterive, etc., reçu dans la compagnie des cadets gentils hommes de Metz le 1ᵉʳ janvier 1727, capitaine au régiment de Médoc le 16 janvier 1744, chevalier de Saint-Louis le 3 mars 1747. Il avait épousé le 18 mars 1745 très noble damoiselle LOUISE DE GUILLAUMANCHES, fille de Messire Joseph-Henry de Guillaumanches, chevalier, seigneur du Boscage-en-Vallée, du Cluzel-au-Guers, du Perrier, de Fourthoul, de la Vautière et autres lieux, et de très noble et puissante dame Gasparde Agnès de Terraube, dame de Fourthoul. De ce mariage étaient sortis :

1° PIERRE-CHRISTOPHE DE BOUILLÉ, XIIIme du nom, qui continue la lignée.

2° MARIE-MADELEINE-EUGÉNIE DE BOUILLÉ, mariée par acte du 27 octobre 1771 avec Messire BÉNIGNE-CHARLES DE MACHECO, CHEVALIER, MARQUIS DE PRÉMEAUX, etc., conseiller du roi Louis XV en tous ses conseils, et président à Mortier en sa cour du parlement de Bourgogne.

XIX. PIERRE-CHRISTOPHE DE BOUILLÉ, DU CHARIOL, COMTE DE BOUILLÉ, SEIGNEUR D'ALLERÊT et D'HAUTERIVE, mestre de camp, colonel de Viennois (22me régiment d'infanterie), chevalier de l'ordre royal et militaire de Saint-Louis, membre de l'ordre américain de Cincinnatus, servit d'abord dans la marine, passa ensuite dans le régiment des carabiniers de Monsieur, frère du roi, et suivit plus tard M. le marquis de Bouillé, son cousin, dans ses brillantes et nombreuses expéditions aux Antilles, en qualité de son aide de camp. Il fut marié, par contrat en date du 1er mars 1778, à noble demoiselle Marie-Camille-Angélique de Leyritz, née à la Martinique, fille de Messire Michel de Leyritz, écuyer, et de dame Marie-Camille de Gaigneron. Le Comte de Bouillé fit les preuves de la cour, et monta dans les carosses du roi en mars 1785; il mourut en juin 1792, à la Martinique, âgé seulement de trente-neuf ans. De ce mariage, il avait eu les enfants qui suivent :

1° FRANÇOIS-MARIE-MICHEL DE BOUILLÉ, qui continue la filiation.

2° FANNY DE BOUILLÉ,

3° CAMILLE DE BOUILLÉ,

} morts en bas âge.

4° AMÉLIE-ROSE DE BOUILLÉ, mariée en 1815 à Antoine-Arthur, Marquis de Pons, de Lagrange, et décédée à Issoire (Puy-de-Dôme) le 10 novembre 1856, sans avoir eu d'enfants.

XX. FRANÇOIS-MARIE-MICHEL DE BOUILLÉ, du Chariol, Comte de Bouillé, pair de France, maréchal de camp, aide de camp du roi Charles X, gouverneur de Mgr le duc de Bordeaux après 1830, gouverneur de la Martinique de 1825 à 1828, chevalier des ordres du roi, commandeur de la Légion d'Honneur, chevalier de l'ordre royal et militaire de Saint-Louis et de celui de l'Etoile polaire de Suède, chevalier d'honneur de l'ordre de Saint-Jean de Jérusalem, un des exécuteurs testamentaires de Marie-Thérèse Charlotte de France, fille de Louis XVI, était né le 13 janvier 1779, il avait épousé le 5 novembre 1805 noble demoiselle MARIE-LOUISE-ZÉLIE DE CARRÈRE, née à la Martinique, dame pour accompagner S. A. R. Madame, duchesse de Berry, fille de Messire Pierre-Jacques de Carrère, et de dame Marie-Josèphe-Rose Diant. Le COMTE DE BOUILLÉ est mort à Paris le 7 juin 1853. De ce mariage :

1° JACQUES-MARIE-GASTON DE BOUILLÉ, qui continue la descendance.

2° LOUISE-CAROLINE-ROSE DE BOUILLÉ, née à Paris le 1er mars 1815 et décédée à Edimbourg le 29 décembre 1830.

XXI. JACQUES-MARIE-GASTON DE BOUILLÉ, DU CHARIOL, COMTE DE BOUILLÉ, né à Paris, le 21 octobre 1807, page du roi Louis XVIII en 1822, premier page en 1824, fut alors attaché d'une manière toute spéciale au service de Monsieur le Dauphin; sous-lieutenant aux chasseurs à cheval de la garde royale le 17 août 1825, se trouva avec son régiment à Paris pendant les évènements de juillet 1830; nommé chevalier de la Légion d'Honneur par le roi CHARLES X, à Rambouillet, le 1er août, veille de l'abdication de ce prince; licencié, comme officier de la garde, avec brevet de lieutenant, le 11 août 1830, fut déclaré démissionnaire le 1er octobre 1835 pour n'avoir pas prêté le serment que le nouveau gouvernement avait exigé des officiers en disponibilité. M. DE BOUILLÉ, après avoir accompagné le roi jusqu'à Cherbourg, avait été du petit nombre de personnes qui obtinrent la permission de s'y embarquer avec la famille royale pour l'Angleterre (1). De son mariage contracté le 6 avril 1837 avec noble demoiselle MARIE-ELISABETH-JOSÉPHE-JUSTE-SÉRÈNE DES GROTTES, née à la Martinique le 8 juin 1818, fille de feu Messire Just-Henri Des Grottes, conseiller à la cour royale de la Martinique, et de dame Marie-Robert-Jeanne de Lagrange, sont issus les enfants qui suivent :

1° MARIE-HENRIETTE-LOUISE-ROBERTINE DE BOUILLÉ, née le 14 novembre 1838.

---

(1) La veille de son embarquement, le ROI fit remettre à Valognes, à tous les officiers, sous-officiers et soldats qui avaient escorté la famille royale depuis Rambouillet, un exemplaire d'un ORDRE DU JOUR par lequel cet infortuné monarque leur faisait ses adieux et les remerciait de la fidélité qu'ils lui avaient montrée. Cette pièce, si précieuse pour tous ceux qui la possèdent, doit trouver place ici.

ORDRE DU JOUR.
—

LE ROI, en quittant le sol français, voudrait pouvoir donner à chacun de ses gardes du corps et à chacun de MM. les officiers, sous-officiers et soldats qui l'ont accompagné jusqu'à son vaisseau une preuve de son attachement et de son souvenir.

Mais les circonstances qui affligent LE ROI ne lui laissent pas la possibilité d'écouter le vœu de son cœur; privé des moyens de reconnaître une fidélité si touchante, S. M. s'est fait remettre les

2° LOUISE-MARIE-THÉRÈSE-HENRIETTE DE BOUILLÉ, née le 6 juillet 1843, et ayant eu pour parrain et marraine S. A. R. HENRI-CHARLES-FERDINAND-MARIE DIEUDONNÉ, DUC DE BORDEAUX, aujourd'hui M. LE COMTE DE CHAMBORD, et S. A. R. LOUISE-MARIE-THÉRÈSE, PRINCESSE HÉRÉDITAIRE DE LUCQUES, aujourd'hui DUCHESSE RÉGENTE DE PARME ET PLAISANCE.

3° FÉLIX-MARIE-FRANÇOIS-LÉONEL DE BOUILLÉ, né le 27 septembre 1844.

4° MARIE-ELISABETH-CAROLINE-AMÉLIE DE BOUILLÉ, né le 4 février 1847.

---

contrôles des compagnies de ses gardes du corps, de même que l'état de MM. les officiers-généraux, supérieurs et autres, ainsi que des sous-officiers et soldats qui l'ont suivi; leurs noms, conservés par M. LE DUC DE BORDEAUX, demeureront inscrits dans les archives de la famille royale, pour attester à jamais, et les malheurs du ROI et les consolations qu'il a trouvées dans un dévoûment si désintéressé.

Valognes, le 15 août 1830 CHARLES.

Le major général,

M^{al} DUC DE RAGUSE.

Et au bas :

M. de Bouillé, sous lieutenant aux chasseurs de la garde.

Le passeport assez curieux que voici, écrit de la main de l'un des commissaires et destiné à mettre M. de Bouillé à l'abri de toute

5° EMMANUEL-MARIE-JOSEPH DE BOUILLÉ, né le 3 avril 1853.

BRANCHE DES CHATELAINS DE COULANGES ET DU TRONÇAY.

XII. ANTOINE DE BOUILLÉ, DU CHARIOL, IIIme du nom, CHEVALIER, SEIGNEUR DE COULANGES, DU VIALARD, etc., gouverneur des ville et château royal d'Usson, pour Mme. Louise de Savoie, mère du roi, duchesse d'Angoulême et dauphine d'Auvergne, était fils de GUILLAUME IV et d'ALISE DE MÉZET, sa femme, qui lui fit donation de son château

---

loi de proscription, lui fut donné par M. le maréchal Maison au moment de son embarquement :

> Les autorités civiles et militaires sont invitées à laisser passer et à délivrer au besoin les passeports nécessaires à M. DE BOUILLÉ (JACQUES-MARIE-GASTON) pour rentrer en France, lorsqu'après l'accomplissement de son service auprès de S. M. CHARLES X, il reviendra dans sa patrie, ainsi qu'il nous en a manifesté l'intention.

> Valognes, le 15 août 1830. Les Commissaires chargés d'accompagner le ROI CHARLES X.

> Le Maréchal de France, Mis MAISON.

> ODILON-BARROT, DE SCHONEN, DE LA POMMERAYE.

de Coulanges, par acte du 1ᵉʳ septembre 1477. Il paraît dans divers actes des 3 août et 16 novembre 1492. ANTOINE DE BOUILLÉ prit alliance avec noble et puissante dame AGNÈS DE CRESTES qui, dans un acte du 23 juillet, est dite fille de défunt Messire Jehan de Crestes, chevalier. Il eut entr'autres enfants :

1° JACQUES DE BOUILLÉ, DU CHARIOL (1), IVᵐᵉ du nom, SEIGNEUR DE COULANGES ET DU VIALARD, chevalier de l'ordre du Roi, qui épousa le 13 février 1505 noble damoiselle MARGUERITE DE CHATEAUNEUF-RANDON, dont il eut pour unique enfant CATHERINE DE BOUILLÉ, DU CHARIOL, mariée en 1519 à CHARLES-MARIE DE ROCHEBARON, co-seigneur du dit lieu, avec la comtesse de Villequier, sa mère, laquelle a porté, comme on sait, dans la maison d'Aumont-Villequier, le nom et les armes de Rochebaron.

2° ANTOINE DE BOUILLÉ, DU CHARIOL, IVᵐᵉ du nom, qui continue la lignée masculine.

---

(1) Vers le XVᵐᵉ siècle, les membres de la maison DE BOUILLÉ, fixés en Auvergne, portèrent indifféremment le nom de BOULIER ou celui de CHARIOL. Souvent aussi, ils les joignaient ensemble, et l'on remarque que la seconde branche auvergnate porta pendant trois générations le seul nom du CHARIOL; mais Pierre et Jacques, auteurs du XVᵐᵉ degré de cette seconde branche et de la troisième, reprirent le nom de BOULIER et le joignirent à l'autre.

3° JEAN DE BOUILLÉ, DU CHARIOL, commandeur de l'ordre de Saint-Antoine, seigneur de Billom-les-Ardens, archiprêtre de Sauxillange, prieur de Coulanges, etc. Le dernier acte qui le mentionne est de 1548.

4° ANTOINETTE DE BOUILLÉ, DU CHARIOL, mariée le 23 octobre 1798 avec CLAUDE, SEIGNEUR DE CHAVAGNAC, qui commandait l'armée française et soutenait si vaillamment le siége de Naples contre Gonzalve de Cordoue, en l'année 1503.

XIII. ANTOINE DE BOUILLÉ, DU CHARIOL, IVme du nom, SEIGNEUR DE COULANGES et DU VIALARD. Il avait été reçu chanoine comte de Brioude, sur preuves de noblesse établies avant le 11 octobre 1514. Mais avec dispenses du pape Léon X, enregistrées à l'officialité primatiale de Lyon le 4 avril 1519, il épousa le 3 juillet 1523 noble damoiselle ANNE DE ROCHEFORT-SÉGALIÈRES, fille de Pierre, baron de Rochefort et de Ségalières, et d'Isabelle de Rochefort d'Ailly. Par acte testamentaire du 4 avril 1526, il voulut être enterré dans la chapelle sépulcrale de Notre-Dame, en son église paroissiale de Coulanges, au même tombeau que ses ancêtres et ses devanciers, seigneurs du dit lieu. ANTOINE DE BOUILLÉ laissa les enfants qui suivent :

1° ANTOINE DE BOUILLÉ, Vme du nom, dont l'article vient après.

2° JEAN DE BOUILLÉ, du Chariol, de Coulanges, qui n'était pas né quand son père testa le 4 avril 1526, et qu'on trouve qualifié chanoine, comte de Brioude en 1558 et 1562.

3° ISABELLE DE BOUILLÉ, du Chariol, qui s'était alliée avant l'année 1552 avec Jean de Saint-Praön, seigneur du dit lieu, lequel, en la dite année, du consentement de noble et puissant seigneur Claude de Saint-Praön, comte de Beaumey, son oncle et son tuteur, donna quittance à sa belle-mère Anne de Rochefort, pour une partie des deniers dotaux de sa femme Isabelle.

4° JEANNE DE BOUILLÉ, du Chariol et de Coulanges, mariée le 8 juillet 1548 avec Charles de Chaslux, fils de Bertrand, seigneur et baron de Chaslux, chevalier de l'ordre et maître de l'hôtel du roi, gouverneur des villes et châteaux d'Ardis et d'Issoire, en Auvergne.

XIV. ANTOINE DE BOUILLÉ, du Chariol, Vme du nom, Seigneur et Chatelain de Coulanges, du Vialard, Cousance et autres lieux, épousa, par contrat du 10 février 1548, noble damoiselle Catherine de Chalons, fille de Pierre de Chalons, baron de Romagut, d'Algrèze, de Vatras et de Castelnau-la-Caze. Antoine était mort avant le 25 février 1596. Il avait eu pour enfants :

1° PIERRE DE BOUILLÉ, du Chariol, qui va suivre.

2° ANTOINE DE BOUILLÉ, du Chariol, de qui sort le rameau des Barons d'Allerèt, dont il va être fait mention plus loin.

3° JACQUES DE BOUILLÉ, du Chariol, co-Seigneur de Cousance, qui souscrivit avec son frère Pierre une transaction datée du 14 mars 1601.

4° ALEXANDRE DE BOUILLÉ, du Chariol, chanoine et comte de Saint-Julien de Brioude en 1582.

5° JEANNE DE BOUILLÉ, du Chariol, mariée, par contrat du 14 septembre 1592, avec Josias de Digons du Troncay, Seigneur de Lassale-en-Velay, fils d'Annet, seigneur de Digons et de Claude de Lambres-Milly.

6° MARIE DE BOUILLÉ, du Chariol, mariée, par acte du 26 février 1601 à Charles de Longhua, écuyer, Seigneur de Théraut et de Masseurt. Elle était morte avant le 10 février 1627.

XV. PIERRE DE BOUILLÉ, du Chariol, IXme du nom, Chatelain de Coulanges et Seigneur de Cousance, épousa, le 12 octobre 1594, noble damoiselle Marie de Digons du

Tronçay, fille de Henry de Digons, seigneur de Morard, et de Louise de Terriat de Chappes. MARIE était veuve avant le 8 janvier 1624. De ce mariage :

1° PIERRE DE BOUILLÉ, du Chariol, qui suit.

2° LOUIS DE BOUILLÉ, du Chariol, chanoine, comte de Brioude en 1647.

3° JACQUES DE BOUILLÉ, du Chariol, chanoine, comte de Brioude en 1663.

4° CATHERINE DE BOUILLÉ, du Chariol, mariée à Robert de Channès de La Pinède, co-Seigneur de Bourdelles, etc.

XVI. PIERRE DE BOUILLÉ, du Chariol, Xme du nom, Chatelain de Coulanges, Seigneur de Cousance et du Tronçay-Digons, épousa, par contrat du 8 janvier 1624, noble demoiselle Marguerite de Framont, fille de Claude de Framont, chevalier, seigneur de Lafajolle et des Grèzes-en-Vivarois, et de Michelle de Fougières. Pierre en était veuf le 8 mai 1667. Ils eurent les enfants qui suivent :

1° SAMSON DE BOUILLÉ, du Chariol, chanoine, comte de Brioude en 1657.

2° PIERRE DE BOUILLÉ, du Chariol, qui continue la filiation.

3° ANTOINETTE DE BOUILLÉ, du Chariol, morte sans alliance.

4° MARIE DE BOUILLÉ, du Chariol, morte sans alliance.

XVII. PIERRE DE BOUILLÉ, du Chariol, XIme du nom, Seigneur du Tronçay-Digons, fut maintenu dans sa noblesse d'ancienne extraction par déclaration du 9 novembre 1666. Il épousa, le 8 novembre 1667, noble demoiselle Renée des Roziers, veuve de Jacques, Seigneur de Monservier, et fit hommage à Philippe de France, duc d'Orléans et comte de Beaujolais pour la seigneurie du Tronçay, qui relevait de La Tour de Beaujeu. Il eut pour unique enfant SÉBASTIEN DE BOUILLÉ, du Chariol, qui suit.

XVIII. SÉBASTIEN DE BOUILLÉ, du Chariol, Seigneur du Tronçay-Digons, épousa, par contrat du 3 février 1705, noble demoiselle Françoise-Athénaïs-Julie de Fougières, fille de Jean Baptiste, seigneur de Fougières, dont il eut pour enfants :

1° JOSEPH DE BOUILLÉ, du Chariol, qui va suivre.

2° ANTOINE DE BOUILLÉ, du Chariol, Seigneur du Tronçay, qui épousa le 31 mai 1762 Marie-Elisabeth Bessal, dont il eut pour fils unique :

FRANÇOIS-GABRIEL DE BOUILLÉ, du Chariol, Baron de Bouillé, colonel de cavalerie, chevalier de l'ordre royal et militaire de Saint-Louis, né en 1766. — D'abord page de la grande écurie du roi Louis XVI et successivement lieutenant dans le régiment de Durfort-Dragons, capitaine de hussards, colonel en 1814, grand-prévôt du département de la Loire en 1815, lieunant du roi à Rochefort, de 1823 à 1830. Le Baron de Bouillé est mort à Paris le 9 décembre 1855, âgé de près de quatre-vingt-dix ans. — Ses états de service, conservés précieusement dans sa famille, attestent avec quelle distinction il avait servi à l'armée de Condé pendant l'émigretion. — De son mariage, en date du 7 avril 1797, avec noble demoiselle Elisabeth de Jay de Beaufort, fille de Jacques, comte de Jay de Beaufort, maréchal de camp, et de dame Béatrix de Paty, est née :

ALICIA-MADELEINE DE BOUILLÉ, mariée le 2 juillet 1835 à Francis-Jean-Baptiste Ange Thibault de La Guichardière, fils de François-Vincent Thibault de la Guichardière, écuyer, et de dame Françoise-Elisabeth Aubry de Vildé. De ce mariage :
1° Henri-Francis-Marie-Ange Thibault de La Guichardière, né le 24 mai 1836 ;

2° FERNAND-JEAN-BAPTISTE-MARIE-ANGE THIBAULT DE LA GUICHARDIÈRE, né le 24 juin 1838.

XIX. JOSEPH DE BOUILLÉ, DU CHARIOL, SEIGNEUR D'HAUTHÉZAT, marié d'abord à noble demoiselle JEANNE-AUGUSTINE DU CROZET DE CUMIGNAT, se remaria, le 2 mars 1756, avec noble demoiselle MARIE-MADELEINE CHALVET DE ROCHEMONTEIX, fille de Claude de Rochemonteix, seigneur de Nastrac, et de dame Marie Barbe de Leautoing. Il est provenu de ce second mariage :

1° CLAUDE DE BOUILLÉ, DU CHARIOL, VIÇOMTE DE BOUILLÉ, dont l'article vient après.

2° JEAN-BAPTISTE DE BOUILLÉ, DU CHARIOL, évêque de Poitiers. Ancien chanoine et comte de la prénoble église royale de Saint-Pierre de Vienne et grand vicaire de ce diocèse, abbé de Beaulieu, aumônier de la reine Marie-Antoinette et de S. A. R. Madame la duchesse d'Angoulême, en 1815; né le 6 juin 1759, nommé à l'évêché de Poitiers le 8 avril 1817, sacré dans l'église de Saint-Sulpice le 25 octobre 1819, et mort à Poitiers le 14 janvier 1842. Monseigneur l'évêque de Poitiers a été inhumé dans son église cathédrale de Saint-Hilaire. — A l'époque de la première révolution, M. l'abbé DE BOUILLÉ s'était réfugié à la Martinique; il y desservit pendant une vingtaine d'années les cures du Vauclin et de Sainte-Anne.

3° DURAND DE BOUILLÉ, DU CHARIOL, officier au régiment de Viennois, né le 26 janvier 1761, décédé sans avoir contracté d'alliance.

4° MARGUERITE-LOUISE DE BOUILLÉ, DU CHARIOL, née en 1762, décédée à Poitiers le 24 juin 1833, sans avoir été mariée.

XX. CLAUDE DE BOUILLÉ, DU CHARIOL, VICOMTE DE BOUILLÉ, CHEVALIER, SEIGNEUR D'AUTHEZAT, colonel d'infanterie, chevalier de l'ordre royal et militaire de Saint-Louis, etc., né le 10 décembre 1756, fit les preuves de la cour et monta dans les carosses en 1785, servait comme capitaine dans le régiment de Véxin à l'époque de la révolution, fut fait chevalier de Saint-Louis en 1796 et nommé colonel à la restauration. Le VICOMTE DE BOUILLÉ est mort le 8 octobre 1820; il avait épousé en 1786 noble demoiselle MARIE-GUILLEMINE PINEL DU MANOIR, fille de Messire Philippe Guillaume Pinel du Manoir, colonel du régiment de la Martinique, et de dame Reine Dorzolle. Il est provenu de ce mariage :

1° FRANÇOIS-CLAUDE-AMOUR-RENÉ-ALBERT DE BOUILLÉ, connu du vivant de son père sous le nom de Comte Albert de Bouillé dont l'article suit.

2° ARTHUR-PHILIPPE-GUILLAUME-PARFAIT DE BOUILLÉ, dont l'article viendra plus loin.

XXI. FRANÇOIS-CLAUDE-AMOUR-RENÉ-ALBERT DE BOUILLÉ, du Chariol, Vicomte de Bouillé, connu du vivant de son père sous le nom de Comte Albert de Bouillé, maire de Nevers sous la restauration, chevalier de l'ordre de la Légion d'Honneur, né le 25 septembre 1787, marié le 2 janvier 1813 à noble demoiselle Rosalie-Pierrette de Forestier, fille de Messire François-Marie de Forestier, seigneur de Villers-le-Comte, maréchal des camps et armées du roi, chevalier de l'ordre royal et militaire de Saint-Louis, et de dame Claudine-Geneviève Sallonnier d'Avrilly. Il a eu de ce mariage les enfants qui suivent :

1° CLAUDINE-GENEVIÈVE-ZOÉ DE BOUILLÉ, née à Nevers le 5 septembre 1814, mariée le 14 octobre 1834 à Joseph-Marie-Victor, Vicomte de Maumigny, ancien officier au corps royal d'état-major, fils de Messire Charles-Paul-Nicolas-Claude, comte de Maumigny, chevalier de l'ordre royal et militaire de Saint-Louis, d'abord page de la petite écurie du roi, et successivement officier aux régiments de Ségur-Dragons et de Durfort-Dragons, et de dame

Marie-Thérèse-Louise-Gabrielle-Henriette Des Maisons du Paland, et petit-fils de Paul-Marie-François, comte de Maumigny, chevalier, seigneur de Riégut, de Villecray, de Morand, de Fondjudas et autres lieux, maréchal des camps et armées du roi, et de dame Marie-Madeleine-Charlotte Barentin de Montchal. De ce mariage plusieurs enfants : 1° PAUL-PIERRE-GABRIEL-ALBERT-LOUIS DE MAUMIGNY, né le 27 juillet 1835, lieutenant d'état-major; 2° RENÉ-CHARLES-HENRI-JOSEPH DE MAUMIGNY, né le 20 janvier 1837, entré aux Jésuites ; 3° MARIE-CAROLINE DE MAUMIGNY, née le 11 septembre 1839, décédée le 21 octobre 1839 ; 4° MARIE-PAULINE-PHILOMÈNE DE MAUMIGNY, née le 31 mai 1843; 5° MARIE-THÉRÈSE-LOUISE DE MAUMIGNY, née le 21 Janvier 1849, décédée le 16 février 1853; 6° CHARLES-MARIE-ROGER DE MAUMIGNY, née le 28 janvier 1852 ; 7° JEHAN-MARIE-PAUL DE MAUMIGNY, né le 26 décembre 1856.

2° CHARLES DE BOUILLÉ, DU CHARIOL, COMTE CHARLES DE BOUILLÉ, né à Villers-le-Comte, le 30 août 1816, marié le 21 septembre 1852 à noble demoiselle ANGÉLIQUE-GABRIELLE-ALIX DU CROZET, fille de Messire Charles-Marie-Adrien, marquis du Crozet, chevalier de l'ordre de la Légion d'Honneur, et de dame Louise-Gabrielle de Borne Saint-Etienne, Saint-Cernin. De ce mariage :

A. AMOUR-PIERRE-ADRIEN-RAOUL DE BOUILLÉ, né à Nevers le 22 mars 1854.

B. AMOUR-FRANÇOIS-ALBERT DE BOUILLÉ, né à Villers-le-Comte le 5 juillet 1855.

C. ZOÉ-FRANÇOISE-ÉLIANNE DE BOUILLÉ, née au château de Cumignat (Haute-Loire), le 13 septembre 1856.

3° JEAN-BAPTISTE-MARIE-AMOUR-ROGER DE BOUILLÉ, du Chariol, Comte Roger de Bouillé, né à Nevers le 14 avril 1819, marié le 12 novembre 1850 à noble demoiselle Marie-Louise-Lucile-Léopoldine de Tryon-Montalembert, fille de Jules-Louis-Pierre-Fortuné, marquis de Tryon-Montalembert, ancien député de la Charente, officier aux chasseurs à cheval de la garde impériale (jeune garde), chevalier de l'ordre de la Légion d'Honneur, et de dame Françoise-Céline de Cressac, et petite-fille de M. le marquis de Tryon-Montalembert, comte de l'empire, chambellan de l'empereur Napoléon Ier, membre du corps législatif, ancien officier supérieur aux chasseurs de Gévaudan, officier de l'ordre de la Légion d'Honneur, chevalier des ordres militaires et hospitaliers de Notre-Dame du Mont-Carmel et de Saint-Lazare de Jérusalem, tenu sur les fonts de baptême par M. le prince de Conti, et de dame Regnauld de La Soudière. De ce mariage :

A. LOUIS-PIERRE-AMOUR-MARIE-HENRI DE BOUILLÉ, né le 25 août 1851, ayant eu pour parrain et marraine M. LE COMTE et Mme LA COMTESSE DE CHAMBORD.

B. RENÉE-MARIE DE BOUILLÉ, née le 12 septembre 1852.

C. MARIE-PIERRETTE-YSEULT DE BOUILLÉ, née le 21 novembre 1854.

4° ARTHUR-FRANÇOIS-MARGUERITE-HENRI DE BOUILLÉ, du Chariol, Comte Henri de Bouillé, né à Nevers le 13 mai 1824, capitaine au corps d'état-major, chevalier de l'ordre de la Légion d'Honneur, a fait partie de l'état-major de la 3me division de l'armée d'Orient, s'est trouvé aux batailles de l'Alma et d'Inkerman, ainsi qu'à la prise de Sébastopol. — Le comte Henri de Bouillé vient de servir sous les ordres de M. le général de Mac-Mahon pendant l'expédition dirigée contre la Grande Kabylie.

5° BLANCHE-CHARLOTTE-ZOÉ DE BOUILLÉ, née à Nevers le 12 juillet 1827, mariée le 8 mai 1849 à Pierre-Charles Andras, Baron de Marcy, fils d'Anne-Marie-Pierre Andras, comte de Marcy, officier supérieur sous l'Empire, chevalier de l'ordre de la Légion d'Honneur, et de dame Pauline-Elisabeth de Séguin de Pazzis, et petit-fils de Messire Edme Andras, comte de Marcy, qualifié de haut et puissant seigneur, seigneur de Chassy, de Tugny et autres lieux, et de dame Marie-Antoinette de Laferté-Meun. De ce mariage : 1° PAUL-ALBERT-ANDRAS DE MARCY, né le 12 décembre 1850; 2° JEHAN ANDRAS DE MARCY, né le 30 décembre 1851; 3° ROGER-MARIE-XAVIER ANDRAS DE MARCY, né le 7 mai 1854.

6° YSEULT-MARIE-CAROLINE-ZOÉ DE BOUILLÉ, née à Nevers le 26 janvier 1833.

XXI ARTHUR-PHILIPPE-GUILLAUME-PARFAIT DE BOUILLÉ, DU CHARIOL, COMTE ARTHUR DE BOUILLÉ, fils cadet du vicomte de Bouillé (Claude), capitaine d'état-major, chevalier de l'ordre royal et militaire de Saint-Louis et de ceux de la Légion d'Honneur et de Saint Ferdinand d'Espagne, né le 18 février 1790, entra en 1814 aux gardes du corps et passa plus tard dans le corps royal d'état-major, ayant été choisi par M. le maréchal Oudinot, duc de Reggio, major général de la garde, pour un de ses aides de camp; fit partie de l'armée française envoyée en 1823 en Espagne. Il a épousé, par contrat en date du 27 février 1817, noble demoiselle CHARLOTTE-AGATHE-ZOÉ DE BONCHAMPS, fille unique de feu Charles-Melchior-Artus, marquis de Bonchamps, l'illustre général de l'armée catholique de la Vendée (1), et de dame Marie-Renée-Marguerite de Scepeaux. Le Comte Arthur de Bouillé donna sa démission en 1830 et se retira dans la Vendée, au milieu des anciens frères d'armes de son beau-père; il y hérita de son influence et de sa considération; en 1832, il fut nommé par S. A. R. Madame, duchesse de Berry, au commandement du 1er corps de l'armée vendéenne de la rive gauche de la Loire. Il a eu de son mariage :

1° LOUISE-THÉRÈSE DE BOUILLÉ, née le 17 mars 1819, tenue sur les fonts de baptême par S. M. LOUIS XVIII et S. A. R. Mme la DUCHESSE D'ANGOULÊME, mariée le 14 octobre 1846 à ARISTIDE-RENÉ-MARIE, Vicomte de Chevigné, et décédée le 8 août 1847.

---

(1) Par un privilége bien exceptionnel de nos jours, le nom de Bonchamps est resté jusqu'à présent toujours aussi populaire en France, malgré toutes nos révolutions. Les descendants de ces *bleus* qui lui durent la vie, pourraient-ils, en effet, jamais oublier les dernières paroles du héros vendéen, paroles que l'histoire a recueillies et qu'on nous permettra de rapporter ici en rappelant à quelle occasion elles furent prononcées.

M. de Bonchamps venait d'être mortellement blessé près de Saint-Florent; les Vendéens, dans leur désespoir de voir périr un général adoré, renonçant pour cette fois à traiter avec la même humanité les soldats qu'ils combattent, jurent la mort des 5,000 prisonniers qui se trouvaient renfermés dans l'abbaye de Saint-Florent : c'était le sort qui attendait habituellement tout royaliste

2° FERDINAND-LOUIS-MARIE-CLAUDE-ARTUS-HERMINIE DE BOUILLÉ, du Chariol, Comte Fernand de Bouillé, né le 8 mars 1821, marié le 26 avril 1843 à noble demoiselle Pélagie Urvoy de Saint-Bedan, fille de Jacques-Olivier Urvoy de Saint-Bédan, député de la Loire Inférieure en 1826, et de dame Marie-Pélagie de Chevigné. De ce mariage :

A. JACQUES-MARIE-ARTUS-AMOUR DE BOUILLÉ, né le 4 mai 1844 ;

B. MARIE-ANNE-GUILLEMINE-CLÉMENTINE DE BOUILLÉ, née le 27 juillet 1848.

Madame Cazenove de Pradines

---

pris les armes à la main. D'après un décret de la Convention, il devait être fusillé sur-le-champ, et cet ordre avait été exécuté à la rigueur. Déjà deux pièces de canon chargées à mitraille sont placées devant la porte de l'église. Bonchamps l'apprend sur son lit de mort ; sa grande âme en est indignée ; elle s'arrête un moment pour exercer un dernier acte de vertu : « Soldats chrétiens, s'écrie-t-il d'une voix mourante, souvenez-vous de votre Dieu ; royalistes, souvenez-vous de votre roi ! Grâce ! grâce aux prisonniers ! Je le veux, je l'ordonne. » Aussitôt un roulement de tambours se fait entendre : c'est un ordre de Bonchamps. Les têtes se calment, la fureur fait alors place à la clémence ; on se dit, on se répète : Grâce ! grâce ! Bonchamps le veut, Bonchamps l'ordonne. Les cinq mille prisonniers sont sauvés.

BRANCHE DES BARONS D'ALLERÊT

SORTIS DES CHATELAINS DE COULANGES

XV   ANTOINE DE BOUILLÉ, du Chariol, VIme du nom, deuxième fils d'Antoine V et de Catherine de Chalons, est qualifié Noble damoiseau, Seigneur de Saint-Geron et autres lieux. Il avait épousé, le 27 novembre 1590, noble damoiselle Claude de Saint-Geron, dame du dit lieu, laquelle était fille unique de Michel-Henry, seigneur de Saint-Geron, et de dame Louise de Rochefort d'Ailly, sa seconde femme. Il ne vivait plus le 19 mai 1637 et laissa les enfants qui suivent :

    1° JACQUES DE BOUILLÉ, du Chariol, dont l'article suit.

    2° PIERRE DE BOUILLÉ, du Chariol, XIIme du nom, qui se trouve qualifié de brigadier général des armées d'Espagne et chevalier de l'ordre espagnol de Saint-Jacques porte-glaive, en 1674 ;

    3° CHARLES DE BOUILLÉ, du Chariol, décédé sans alliance avant l'année 1637 ;

    4° MARIE DE BOUILLÉ, du Chariol, décédée aussi sans alliance avant la même année.

XVI   JACQUES DE BOUILLÉ, du Chariol, Vme du nom, Alias de Bouillé du Chariol, Seigneur de Saint-Geron, de Salles, des Charriols, de Balsat, de Rioux-Martin, de Saint-Saulnin, de Cantalès, etc., transigea, par acte du 19 mai 1637, avec Pierre XII, son second frère, afin de régler leurs droits dans les successions qui leur étaient échues par la mort de Claude de Saint-Geron, leur mère, ainsi que par la mort de Charles de Bouillé et de Marie de Bouillé, leurs frère et sœur. Il testa le 8 février 1660 et mourut au commencement de l'année suivante 1661. Il avait épousé, le 10 février 1630, noble demoiselle Charlotte de Bourdelles, fille de Charles de Bourdelles, écuyer, seigneur des Charriols-de-Limague, de Salles, de Balsat, du Pouget et autres lieux, et de dame Anne de Villatte, dame de Combé. De ce mariage :

    1° ANTOINE DE BOUILLÉ, du Chariol, dont l'article suit.

    2° JEAN DE BOUILLÉ, du Chariol, qui reçut en partage la seigneurie des Charriols et mourut célibataire après l'année 1666.

    3° JACQUES DE BOUILLÉ, du Chariol, chanoine, comte de Brioude, qui se démit de sa prébende en faveur de Louis, son frère, en l'an 1663. Après avoir quitté l'habit ecclésiastique, il fut seigneur de Villeneuve Saint-Geron et épousa Catherine Chastang, dont il eut Mar-

GUERITE DE BOUILLÉ-VILLENEUVE, née en 1669, reçue dans l'établissement royal de Saint-Cyr en 1687.

4° PIERRE DE BOUILLÉ, DU CHARIOL, XIIIme du nom, nommé LE CHEVALIER DE SAINT-GERON, vivant encore en 1679.

XVII ANTOINE DE BOUILLÉ, DU CHARIOL, VIIme du nom, CHEVALIER, BARON D'ALLERÊT, SEIGNEUR DE SAINT-GERON, VIDIÈRES, etc., fut maintenu dans son ancienne noblesse en 1666. Par acte d'aveu du 21 juin 1669, il fait hommage au roi pour ses seigneuries d'Allerêt, de Saint-Geron et des Charriols, dont il fait le dénombrement le 17 août suivant à la chambre des comptes ainsi qu'à la cour des aides. Il testa le 4 novembre 1701, voulant être inhumé dans la chapelle sépulcrale de son église de Saint-Geron, comme l'avaient été ses prédécesseurs; il mourut à la fin de mars 1702. Il avait d'abord épousé noble damoiselle CHARLOTTE DE PONTEAUX dont il n'eut pas d'enfants, et par contrat du 22 février 1694, il contracta en secondes noces avec noble damoiselle MADELEINE MOTIER DE LA FAYETTE DE CHAMPESTIERS, dame de Vidières, fille de Charles, baron de Vissac, et de Marie de Pons de La Grange de Bart, dame du Bouschet-sur-Ouvrond. Du second mariage d'Antoine VII sont issus les enfants qui suivent :

1° GUILLAUME-ANTOINE DE BOUILLÉ, DU CHARIOL, qui continue la filiation;

2° **NICOLAS-JOSEPH DE BOUILLÉ**, du Chariol, évêque d'Autun, premier aumônier du roi Louis XV et son conseiller d'état; chanoine de la basilique archiprimatiale de Saint-Jean de Lyon, doyen des comtes de Lyon, chanoine comte du très noble et insigne chapitre de Saint-Julien de Brioude, abbé commendataire des abbayes royales de Saint-Nicolas-les-Angers et d'Hautevillers, né en 1702 et mort à Paris le 22 février 1767, ayant été élu et sacré évêque d'Autun en 1758.

Monseigneur l'évêque d'Autun fut inhumé le 25 février 1767 dans le chœur de l'église Saint-Gervais, à Paris, où son arrière-petit-neveu, Amour-Louis-Charles-René, Marquis de Bouillé, lui a consacré une inscription commémorative sur une table de marbre scellée dans le mur de la dite église (1).

---

(1) On lit en dessous des armes de l'évêque :

Le 23 Février 1767,
a été inhumé dans le chœur de cette église
Illustrissime et Révérendissime
Monseigneur Nicolas de Bouillé,
Comte de Lyon, évêque d'Autun,
Abbé Commendataire des Abbayes Royales
de Saint-Nicolas-les-Angers
et d'Hautevillers,
ancien premier aumônier du roi,
conseiller d'état,
décédé à l'âge de 65 ans.

De Profundis.

XVIII GUILLAUME-ANTOINE DE BOUILLÉ, DU CHARIOL, Vme du nom, MARQUIS DU CLUZEL SAINT-ÈBLE, BARON D'ALLERÈT, SEIGNEUR DE SAINT-GERON, BRUGEAC, VIDIÈRES et autres lieux, naquit en 1699. Etant capitaine au régiment de Touraine, il épousa, le 1er mars 1725, noble demoiselle MARIE-ALBERTINE-JOSÈPHE-AMOUR DE CLAVIÈRES SAINT-AGRÈVE, morte le 19 septembre 1740 et qui était fille de Jean-Joseph, baron de Clavières et de Saint-Agrève, et de Marie de Hamal du Meyron. GUILLAUME-ANTOINE se remaria en 1745 avec noble demoiselle ANNE-MARIE-CHEVALIER D'AMFRESNEL, fille de Jacques-Amable-Claude-Henry, baron d'Amfresnel et de Courtevaut, grand voyer et grand maître des eaux et forêts de Flandre, d'Artois et de Picardie, et de Louise-Françoise d'Ailly d'Annebaut, laquelle était provenue des anciens sires d'Ailly, vidames d'Amiens. — GUILLAUME-ANTOINE testa le 24 novembre 1747 et mourut en 1748. Sa veuve se remaria en 1753 à JEAN-NICOLAS-AUGUSTIN D'ESPARBES DE LUSSAN, DE BOUCHARD, D'AUBETERRE, MARQUIS D'AUBETERRE et frère aîné du maréchal d'Aubeterre (Henry-Joseph d'Esparbes de Lussan), chevalier des ordres du roi, etc.

Enfant du 1er lit. — FRANÇOIS-CLAUDE-AMOUR DE BOUILLÉ, DU CHARIOL, MARQUIS DE BOUILLÉ, qui continue la filiation.

Enfant du second lit. — ANTOINETTE-LOUISE-NICOLE DE BOUILLÉ, DU CHARIOL, née en 1747, mariée le 3 février 1768 à MAXIMILIEN, COMTE de Bosredon, fils de Gabriel-Annet de Bosredon, marquis du Puy-Saint-Gulmier, vicomte de Sugères et baron de Montbrun, seigneur de Brousse, de Crest, etc, sénéchal de la noblesse d'Auvergne, et de dame Marie de Châteauneuf-Randon d'Apchier, baronne de Syvrand.

XIX FRANÇOIS-CLAUDE-AMOUR DE BOUILLÉ, DU CHARIOL, MARQUIS DE BOUILLÉ, SEIGNEUR DE SAINT-GERON et DE BRUGEAC, MARQUIS DU CLUZEL SAINT-ÈBLE, etc., chevalier des ordres du roi, chambellan de Monsieur, frère du roi, lieutenant-général, gouverneur de Douai, gouverneur-général des Iles du Vent pendant la guerre d'Amérique, membre des deux assemblées des notables en 1787 et 1788, commandant de la province des Trois-Evêchés (Metz, Toul et Verdun), et à la fois de celles de la Lorraine, de l'Alsace et de la Franche-Comté, général en chef de l'armée de Meuse, Sarre et Moselle, en 1790 et 1791, né le 19 novembre 1739, au château de Cluzel Saint-Èble, en Auvergne, et mort à Londres le 14 novembre 1800, fut marié, par contrat du 6 juillet 1768, à noble demoiselle MARIE-LOUISE-GUILLEMETTE DE BÈGUE, fille de Pierre-Joseph de Bègue, chevalier de l'ordre royal et militaire de Saint-Louis et ancien major-général des troupes à la Martinique, et de dame Marie-Anne-Neau du Brueil. Sont issus de ce mariage :

1° **LOUIS-JOSEPH-AMOUR DE BOUILLÉ**, COMTE LOUIS DE BOUILLÉ, du vivant de M. le marquis de Bouillé, son père, né le 1ᵉʳ mai 1769, et dont l'article suit.

2° FRANÇOIS-GUILLAUME-ANTOINE DE BOUILLÉ, COMTE FRANÇOIS DE BOUILLÉ, connu d'abord sous le nom de CHEVALIER DE BOUILLÉ, né le 8 mai 1770, dont l'article viendra plus loin.

3° HIPPOLYTE-CHARLES-MARIE DE BOUILLÉ, né le 30 avril 1772, reçu en minorité chevalier de l'ordre de Saint-Jean de Jérusalem, mort élève de la marine en 1788, à l'âge de seize ans.

4° CÉCILE-ÉMILIE-CALIXTE-ÉLÉONORE DE BOUILLÉ, née le 2 octobre 1774, mariée, par contrat du 9 mars 1792, à FRANÇOIS-JULES-GASPARD, VICOMTE DE CONTADES, petit-fils de Louis-Georges-Erasme de Contades, seigneur de Vern, en Anjou, maréchal de France et chevalier des ordres du roi en 1759, et morte à Paris le 16 mai 1801. De ce mariage est issu le vicomte JULES DE CONTADES, officier au 1ᵉʳ de cuirassiers de la garde, dont la fille, Valentine de Contades, a épousé Honoré de Luynes, duc de Chevreuse, fils unique de M. le duc de Luynes (1).

---

(1) Le duc de Luynes a épousé en secondes noces Madame la vicomtesse de Contades, belle-mère de son fils, le duc de Chevreuse.

5° FRÉDÉRIC-CAMILLE-ALBERT DE BOUILLÉ, né en 1776 et mort à Metz le 1ᵉʳ août 1790, âgé de quatorze ans.

XX   LOUIS-JOSEPH-AMOUR DE BOUILLÉ, du Chariol, Marquis de Bouillé, connu du vivant de son père sous le nom de Comte Louis de Bouillé, comte de l'Empire, lieutenant général, officier de l'ordre de la Légion d'Honneur, chevalier de l'ordre royal et militaire de Saint-Louis et de celui du Mérite Militaire de Bavière, né le 1ᵉʳ mai 1769, décédé à Paris le 20 novembre 1850, avait épousé, par contrat du 30 avril 1798, noble demoiselle Anne-Marie-Robertine-Hélène-Joséphine Walsh de Serrant, dame du palais des impératrices Joséphine et Marie-Louise, fille d'Edouard-Joseph-Augustin Walsh, vicomte de Serrant (1), colonel du régiment irlandais de ce nom au service de la France, et mort lieutenant-général, et de dame Julie de Lugé. De ce mariage :

AMOUR-LOUIS-CHARLES-RENÉ DE BOUILLÉ, Comte René de Bouillé du vivant de son père, né le 26 mai 1802.

---

(1) Mademoiselle Valentine Walsh de Serrant, cousine germaine de Madame la marquise de Bouillé, et par conséquent tante à la mode de Bretagne de M. le marquis de Bouillé (Amour-Louis-Charles-René), a épousé le duc de la Trémouille.

XXI AMOUR-LOUIS-CHARLES-RENÉ DE BOUILLÉ, du Chariol, Marquis de Bouillé, connu du vivant de son père sous le nom de Comte René de Bouillé, ministre plénipotentiaire près la cour de Bade, chevalier de l'ordre de la Légion d'Honneur, grand'croix de l'ordre de Danebrog de Danemarck, est né le 26 mai 1802.

M. le Marquis de Bouillé entra au service à l'âge de seize ans, comme garde surnuméraire de la compagnie de Noailles; puis il passa dans le 1er régiment de dragons, et plus tard il fut nommé au 1er de cuirassiers de la garde royale. M. René de Bouillé ayant donné sa démission en 1826, commença, à dater de ce moment, à s'occuper de littérature. Il fit imprimer peu de temps après, à un petit nombre d'exemplaires et pour ses amis seulement, quelques essais de poésie. Plusieurs fables de ce recueil eurent surtout un grand succès. M. René de Bouillé publia, l'année suivante, une brochure ayant pour titre : Ching-Kong, gouverneur du jeune prince Kou-Kouli, lettres chinoises 1827. Sous le voile d'une allusion facile à saisir, l'auteur y faisait connaître la direction qu'il eût voulu qu'on donnât à l'éducation du jeune prince, héritier du trône. La Revue des Deux-Mondes publia, en juillet 1830, un article du même auteur sur le régime pénitentiaire à Genève. Lors de la réorganisation de la garde nationale de Paris, à cette même époque, M. René de Bouillé fut appelé au commandement d'un bataillon de la 1re légion. Au commencement de septembre de la même année, il reçut la mission d'aller notifier aux cours de Dresde, de Hanovre, de Cassel, de

Weymar et de Darmstadt l'avènement au trône de la maison d'Orléans. En 1831, il fut accrédité comme envoyé extraordinaire et ministre plénipotentiaire auprès de la cour de Bade, poste qu'il occupa jusqu'en 1833, époque à laquelle le gouvernement français se contenta d'avoir à Carlsruhe un simple ministre résident. De nouveau rentré dans la vie privée, M. RENÉ DE BOUILLÉ se livra exclusivement à ses goûts littéraires. Il avait remarqué une lacune dans nos fastes littéraires : il se chargea de la faire disparaître. Après huit années de longues et patientes recherches, il publia en 1849 l'histoire des ducs de Guise, ces gigantesques factieux, comme il les appelle, ouvrage en quatre volumes. La plupart des journaux de Paris lui consacrèrent un examen tout spécial et se plurent à rendre hommage à la sagacité, à la profonde érudition, au style et à l'impartialité de l'historien (1). Deux années auparavant, en 1847, M. RENÉ DE BOUILLÉ avait fait paraître un mémoire intitulé : *Des*

---

(1) Un de nos critiques les plus judicieux et les plus spirituels, M. de Pontmartin, s'exprimait en ces termes dans l'*Opinion publique* du 5 décembre 1849 :

« Déjà un écrivain éminent, M. Vitet, dans des tableaux dramatiques où il a imité les libres allures des drames historiques de Shakespeare, avait groupé les principaux épisodes, les principales figures qui se rattachent à l'histoire des ducs de Guise; mais l'œuvre de M. de Bouillé est bien autrement sérieuse et complète. En écrivant ce livre, M. de Bouillé s'est montré historien dans la plus grave, la plus haute acception du mot..... impartial comme l'histoire elle-même, mais lucide et concluant comme elle, il a cherché, il a trouvé, il a raconté........ »

Voici comment M. de Pontmartin apprécie le mérite littéraire de *droits de la couronne de Danemarck sur le duché de Slesviy.* L'auteur y combat avec une grande force l'opinion qui tendait à vouloir incorporer le Slesvig dans la confédération germanique et fait valoir les droits du Danemarck à conserver ces duchés et surtout le dernier. Ce mémoire, qui dénote une connaissance approfondie des faits, causa à son apparition une vive sensation, en Allemagne surtout, et valut à son auteur d'éclatants témoignages d'approbation. — Il appartenait naturellement à M. RENÉ DE BOUILLÉ d'être le Plutarque de son illustre aïeul et de nous faire connaître toute cette vie dont il a si justement droit d'être fier. L'*Essai sur la vie de M. le marquis de Bouillé*, publié en 1853, obtint le succès auquel l'auteur devait s'attendre.

M. LE MARQUIS DE BOUILLÉ a épousé, le 29 mai 1826, noble demoiselle LAURE-LOUISE-THÉRÈSE DE THIARD DE BISSY, fille d'Auxonne-Théodose, comte de Thiard de Bissy, maréchal de camp, ancien député des Côtes-du-Nord et

---

l'histoire des ducs de Guise :

« Le style de M. de Bouillé est un excellent style, vif, nerveux, simple, souple, élégant, sans faux éclat, sans *papillotage*, sans concession à l'enluminure moyen-âge, ou langage damasquiné des imitateurs de Walter Scott. C'est le style d'un écrivain à la fois brillant et sérieux, qui, arrivé à l'époque de la virilité intellectuelle, dégoûté du spectacle de ce qui se passait sous ses yeux, trouvant l'homme aussi petit dans les affaires que grand dans les livres, s'est recueilli en lui-même, a cherché dans les archives de son pays un beau sujet de méditation et d'étude dont il pût faire le but et le centre de ses travaux. » (EXTRAIT DES *Archives des hommes du jour*).

de Saône-et-Loire, et de dame Marie-Madeleine-Eléonore Aglaé de Moreton-Chabrillan. De ce mariage est issu :

LOUIS-AMOUR-MARTIAL-LÉONOR, COMTE LOUIS DE BOUILLÉ, qui suit.

XXII LOUIS-AMOUR-MARTIAL-LÉONOR DE BOUILLÉ, DU CHARIOL, COMTE LOUIS DE BOUILLÉ, chevalier de l'ordre du Danebrog de Danemarck, né le 4 mai 1827, a épousé, le 10 mai 1852, noble demoiselle MARIE-LOUISE O'CONNOR (1), fille de Hugues O'Connor et de dame Winfride-Ursule Mostyn, dont est issu :

CLAUDE-AMOUR-HUGUES-LOUIS-RENÉ DE BOUILLÉ, né le 30 septembre 1853.

XX FRANÇOIS-GUILLAUME-ANTOINE DE BOUILLÉ, DU CHARIOL, COMTE FRANÇOIS DE BOUILLÉ, connu d'abord sous le nom de CHEVALIER DE BOUILLÉ, second fils de M. le marquis de Bouillé (François-Claude-Amour), reçu en minorité chevalier de l'ordre de Saint-Jean-de-Jérusalem, maréchal de camp, chevalier de l'ordre royal et militaire de Saint-Louis, né le 8 mai 1770, fut marié, par contrat du 14 mai 1799, à noble demoiselle ROSE-ANTOINETTE DE JORNA, fille de Messire Charles de Jorna, seigneur de la

---

(1) Mlle O'Connor, sœur aînée de Mme la comtesse Louis de Bouillé, avait épousé en premières noces le comte de Lubersac, frère du marquis de Lubersac, gendre du duc de Rauzan. Elle s'est remariée avec le vicomte d'Agoult.

Calle, et de dame Marie-Michelle de Cöols Des Noyers. Le comte FRANÇOIS DE BOUILLÉ est mort à la Guadeloupe le 21 juin 1837. De son mariage :

> JULES-FRANÇOIS-AMOUR DE BOUILLÉ, COMTE JULES DE BOUILLÉ, qui suit.

XXI JULES-FRANÇOIS-AMOUR DE BOUILLÉ, DU CHARIOL, COMTE JULES DE BOUILLÉ, capitaine commandant au 1er régiment de lanciers, chevalier de l'ordre de la Légion d'Honneur, né le 16 mars 1800. Garde du corps surnuméraire de la compagnie de Noailles le 3 février 1816, le COMTE JULES DE BOUILLÉ a servi comme sous-lieutenant et lieutenant au 24me régiment de chasseurs à cheval (chasseurs des Vosges), au 1er régiment de grenadiers de la garde royale, et au 12me dragons. Il a fait, comme capitaine au 1er régiment de lanciers, les campagnes de 1831 et 1832 contre la Hollande. Le COMTE JULES DE BOUILLÉ avait dix années de grade et était au moment de passer officier supérieur, quand, par suite de la mort de M. le comte François de Bouillé, son père, il se vit obligé de quitter le service et de se fixer momentanément à la Guadeloupe; il a épousé, le 20 août 1839, noble demoiselle CHARLOTTE-AUGUSTINE-EUDOXIE DE VERNOU-BONNEUIL, fille de Jean-Maximilien, baron de Vernou-Bonneuil, et de dame Félicie de Rébian de Pachin, dont une fille :

> LOUISE-AMOUR-MARIE DE BOUILLÉ, née le 1er février 1844.

PRINCIPALES ALLIANCES

(PAR ORDRE ALPHABÉTIQUE)

CONTRACTÉES PAR LA MAISON DE BOUILLÉ

Allègre-Tourzel (d') A.
Andras de Marcy. A.
Angennes (d') M.
Aubigné (d') M.
Baïf-aux-épaules (de) M.
Bailleul (de) M.
Barthon de Massenove (de) A.
Beaumanoir [Bois-ton-Sang] (de) M.
Beaufort (de) A.
Bébian de Pachin (de) A.
Bègue (de) A.
Bellay d'Yvetot (de) M.
Benaud (de) A.

Nota. — Les lettres M et A, placées à la suite des noms, signifient : la 1re, branches du Maine; la 2e, branches d'Auvergne.

Bertrand de Goth. A.
Blanzat d'Orbein de Saint-Estève (de) A.
Boisgamatz (de) M.
Bonchamps (de) A.
Borne (de) A.
Bosredon (de) A.
Bourdelles (de) A.
Brie (de) M.
Carrère (de) A.
Cervon des Arcis (de) M.
Chabannes-Curton (de) A.
Chabrol. A.
Châlons (de) A.
Chalvet de Rochemonteix (de) A.
Chaslux (de) A.
Chateauneuf-Randon (de) A.
Chavagnac (de) A.
Chauvigny-Blot (de) A.
Chevalier d'Amfresnel. A.
Chevigné (de) A.
Chevreuse (duc de) A.
Clavières Saint-Agrève (de) A.
Clérembault (de) M.
Chivré (de) M.
Comptour d'Apchon (de) A.
Contades (de) A.
Cöols Des Noyers (de) A.
Courtalin (de) M.

Daillon (duc du Lude) M.
Dampierre Longeaulnay (de) M.
Desmaisons du Paland. A.
d'Estaing. A.
d'Estouteville. A.
Dorzolle. A.
Du Chariol-Motier. A.
Du Crozet. A.
Du Guesclin. M.
Du Lacq de Puydenot. A.
Du Plessis-Richelieu. M.
Du Prat. A.
Du Favry-la-Chaussée. M.
Du Vair. M.
Errault. M.
Esparron (d') A.
Feschal (de) M.
Fontenailles (de) M.
Fontenay (de) M.
Forestier (de) A.
Fougières (de) A.
Frédeville (de) A.
Frémeur (de) A.
Froulay de Tessé (de) M.
Fugerets (Des) M.
Gaigneron (de) A.
Grancey-le-Vidame (de) M.
Grottes (Des) A.

Guiche Saint-Geran (de La) M.
Guiscard (de) M.
Guillaumanches du Boscage (de) A.
Hallwin-Piennes (duc de) M.
Hautefort-Montignac (de) A.
Heudicourt (d') A.
Jaille-Talbot (de la) M.
Jorna (de) A.
Joyeuse (de) A.
La Corbière (de) M.
La Croix (de) M.
La Faye-Montravel (de) A.
La Fayette (de) A.
La Grange d'Arquien (de) A.
Lagrange (de) A.
La Groslière Saint-Nectaire (de) A.
La Lobe (de) M.
Langeac La Rochefoucauld (de) A.
La Richardie de Chéry (de) A.
La Roche-Aymon (de) A.
La Roche-Nastrac (de) A.
La Roüe (de) A.
Lastic (de) A.
La Tour d'Auvergne (de) A.
La Valette (de) M.
La Vausselle (de) M.
Laval [devenue Laval-Montmorency] (de) M.
Leyritz (de) A.

Macheco (de) A.
Maillé-Brézé (de) M.
Maillé (de) M.
Martel (de) M.
Mars (de) A.
Maumigny (de) A.
Mévillon de Bressieux (de) A.
Mézet de Dallet (de) A.
Monteilles (de) A.
Montesson (de) M.
Moreton-Chabrillan (de) A.
Morillon (de) M.
Murat (de) A.
Neau du Breuil. A.
O'Connor. A.
Oradour (d') A.
Pinel du Manoir, A.
Puychal d'Orbezan (de) A.
Pons de Lagrange (de) A.
Robert de Lignerac (ducs de Caylus) A.
Rochechouart-Mauzé (de) [branche cadette des Mortemart] M.
Rohan-Polduc (de) [princes de Guémenée] M.
Rochebaron (de) A.
Rochebriand (de) A.
Rochefort d'Ailly (de) A.
Rosières d'Amblimont (de) A.
Roziers (Des) M.

Salesses (de) des comtes de Scylla. **A**
Sallonnier d'Avrilly. **A**.
Saint-Aignan (de) **A**.
Saint-Geron (de) **A**.
Seguin de Pazzis (de) **A**.
Scepeaux (de) **A**.
Sermur (de) **A**.
Sonnaville (de) **A**.
Terraube (de) **A**.
Terrier de Janvry. **A**.
Thiard de Bissy (de) **A**.
Thibault de La Guichardière. **A**.
Tigné (de) **M**.
Tournon (de) **A**.
Tryon-Montalembert (de) **A**.
Turpin (de) **M**.
Urfé (d') **A**.
Urvoy de St-Bedan. **A**.
Vernay (de) **A**.
Vernou-Bonneuil (de) **A**.
Villatte (de) **A**.
Villeroi (de) **M**.
Vexel (de) **M**.
Walsh de Serrant. **A**.

ACTE DE DONATION

DE PONS BOULIER (BODLERIUS), au chapitre noble de Saint-Julien de Brioude pour la sépulture de son père, auquel acte figurent aussi DURAND et BERTRAND, ses frères.

Ce document, extrait des manuscrits de la bibliothèque impériale, cartulaire 179, intitulé : *Liber de honoribus sancto Juliano collatis...* (chapitre de Brioude), se trouve placé entre deux autres actes, datés : l'un, du règne de Robert, roi des Francs, 996; l'autre, de trois ans après l'expulsion du roi Charles-le-Simple et l'élection illégale de Raoul, comme roi, anno 927.   (folio 224, verso).

CLAIS ET CASSOLES.

CCCXIII. — Ego poncius Bodlerius et fratres mei Durandus et Bertrandus relinquimus Deo et sancto Juliano et canonicis ei servientibus totum censum de manso de *clais* pro sepultura patris Nsri. — Signum : BERNARDI DE LANGAD. — Signum : GERALDI COMTORIS. — Signum : ALBUINI DE ILLA ROCA.

TITRE

Extrait du Cartulaire de l'Abbaye de Sauxillanges en Auvergne, et corrigé sur l'original par BALUZE.

(Bibliothèque impériale, manuscrits latins, n° 54,547, verso 1050-1).

« ILDIN BOULIER (BOLLERIUS), fils de Bernard, du consentement de ce dernier qui avait embrassé la vie monastique, fit donation au monastère de Chauriat dont il était paroissien, et aux religieux de Sauxillanges, de quelques-uns de ses revenus héréditaires, afin qu'un moine prêtre fût envoyé du couvent à Chauriat et y célébrât perpétuellement l'office divin pour son âme et pour celles de ses parents... Il donna pour garants de l'exécution de cette donation ses propres censitaires, ainsi nommés avec les cens qu'ils durent payer annuellement, soit au monastère de Sauxillanges, soit au couvent de Chauriat (1). »

(Voyez l'acte latin qui suit pour les noms et détails).

Sur quoi le prieur de Chauriat devra rendre annuellement 5 sols de Clermont au cellerier pour la nourriture des frères le jour de l'anniversaire de BERNARD DE BOULIER; ce dernier présent à la charte à laquelle R. évêque de Cler-

---

(1) Chauriat est à cinq lieues de Billom.

mont apposa son sceau, embrassa son fils Ildin en témoignage de son approbation.

(Témoins... *(Voyez l'acte).*

Carta Ildini Bollerii et patris ejus.

Omnibus fidelibus Christianis recte viventibus salutaris vox intonet dicens... Thesauritate vobis thesauros in cœlo, ubi nec erugo nec tinea demolicentur nec in eofures furantur, quoniam si ex toto corde debuerim dominum et monclata ipsius servaverim Deus in nobis erit et charitas Dei in nobis, tantum charitas Dei diffusa est in cordibus bonarum et præterita mola per pœnitentiam emendantes fructum bonorum adipsei queant quando Deus judicabit occulta cordium scientes esse scriptum quod Deus ipse Clomat per vividicum prophetans, ita inquiens; si egerit pœnitentiam gens illa ab impietate suâ omnes iniquitates ejus non amplius recordabor. Sciens itaque ego Ildinus Bollerius sexum humanum ex limo terræ conditum in eadem terram reversurum pio affectu et animo volenti Deo judicante, in extrema infirmitate positus locum animœ meœ elegi tatiorem, patre meo manachili habitu adhuc vivente et consentiente ex reditibus meis, jure hereditario possidente et nullius Domino subjacente, cedo Deo cui erat et ad locum celsiniaci quod est constructum in honore sanctorum apostolorum Petri et Pauli, et Johannis Evangelistœ, et sancti Juliani Martis, monasterio de Chauriac cui perrochiamus eram, ut monachus quidam sacerdos ibo a priore et conventu missus Deo divina officia celebrare pro anima mea et parentum meorum in perpetuum non desistat, HOC BERNARDO, patre suo volonte et osculum affirmatione ei dante, et quod post mortem; ita ut promiserat, ex integro persolveret, testibus adhibitis, fide promisit et postea scribi prœcepit; recditus namque in victu et vestitu ad hoc destinati, ut monachus inde sufficierit, procuretur et pro nulliers causâ removeatur nisi publiale crimine... ab utrisque partibus concessum est et sigillo capituli nostri confirmatum est, et in perpetuum scriptum ut quœ geruntur in tempore posterioribus notitia. Transmittatur et oblevioni ne tredantur dum tales existere videntur.

Elcoin Dausilac 11 sext. de fro-Rotmas. Seu. de fro. et I d. et 11 gat. d'Exterra de bar. V. Joglars 1 gat d'ex. Salzeda de la trâ de bar. V. de Chanlarele 111 Em de fro. — d'ex trâ de la font de Ribeira. W Boërs 1 C. de fo. en la trâ de Vanels. — Daigars. Em de Civada et XII d. et 1 got. Alanis de Chavalon in mataura. Em de Civada et × d et 1 gat. Ibidem Rabanels. Em. de tra. x. d. et 1 gat. Aquiens Martis em. et × d. et 1 gat. Ibidem Gaimars em. de âva et x. d. et 1 gat. Ibidem P. de la font 111 C. de fo. 1 gat, — a terra a la roca de la Saina. f. Copers 1 C de â et 111 d. d'una trâ, Ibidem V frenels 1 C de fro. — et 1 gat. — en 1 terra a las Chausas. Astoria Moleda V. C. de fro. — Ibidem R; Rabans 111 C de ar a Cheisac. Eblets em de â et 1 gat. S. Copers 111 C de a et VIII d. et 1 gat d'una trâ a la favaleiria. P. de L'Espirat em de â et XII d. et 1 gat. Ibidem W Copers 1 vina a la saina a prima luz 111 vineas de la Saina 11 em d'Obleias a tapidausa de Celsin en laise. — P. Ludor de Cheisac 1 ser de â et 10 sol. et 1111 d. et

1 gat. ex quibus reddet annuatim prior cauriaci. V. sal clarin in die obitus B. Bollerii ad pitantiam fratrum cellariario. His ita omnibus prescriptis, ille qui vidit et audivit, scripsit et testimonium perhibuit cum cœteris istis nominatis, petro monacho tuis sacristœ ecclesiœ sancti Juliani. Bego Johannis Malaurâ. P. de Samso Gaubertus de turre miles et filius ejus. Albertus de Moleda et uxor ipsius et multi alii apud molendinum qui interfuerunt. Si quis autem ex parentibus auferre prœsumpserit donationem istam quam R. Episcopus Claramontis sigillavit et in ecclesia cauriaci debet esse, iram Dei, patris et filii et spiritus sancti et omnium sanctorum incurrat et omnes maledictiones veteris ac novi testamento et cum datam et ab iram et Juda traditore in inferno inferiari descendat in perpetuum (1).

DONATION

Faite au monastère de Sauxillanges par Bertrand, en présence du prieur Hugues, neveu de Hugues, abbé de Cluny, de quelques biens, sous la condition que le prieur de Bort aurait près de lui un

---

(1) Il est difficile de fixer bien exactement la date de l'acte ci-dessus rapporté; mais en le datant (ce qui doit être) de l'époque où R (ce qui veut dire Robert), évêque de Clermont, *dont le sceau* y fut apposé, occupait ce siége, il remonte indubitablement à l'année 1050 ou environ.

enfant de chœur qu'il nourrirait et entretiendrait, et dans le cas où ce prieur viendrait à mourir ou à changer de résidence, l'enfant de chœur retournerait dans le monastère où il a été reçu.

La charte est signée par HUGUES *(le prieur de Sauxillanges), par* DALMAS DOMINICI *et par* ROBERT BOULHIER (1105):

EGO BERTRANNUS. — Dono altari monasterii Celsiniacensis aliqnid de meis rebus in presentia domini Hugonis, prioris *Bordiensis,* ut Hugo, prior *Bordiensis* ducat secum puerum et vestiat ei habitum et teneat eum secum quantum placuerit, ant si ipse prior mortuus fuerit vel in alio loco se mutaverit revertatur ipse puer in hoc suo monasterio in quo receptus est. — S. HUGONIS, qui hoc fecit, et DALMATII DOMINICI et ROBERTI BOLHERII.

DONATION

Un certain chevalier, nommé GUILLAUME FRÈS DU MONT, étant sur le point de mourir, fit donation au monastère de Sauxillanges, du temps de Bernard, prieur de Saint-Projet, de six ouvrées de vignes sises à Peyrusse. La charte est souscrite par le prieur Bernard, par le donateur, par son fils, par Jean Frès, par Guillaume et Robert, frères du dit Jean, par Guillaume Boulier (Bollerii), moine de Saint-Hilaire.

Quidam miles nomine Willemus Frès de Monto, quando venit ad obitum suum donam fecit Deo... et ad locum Celsiniacensum, tempore domine Bornardi prioris de sancto projecto, sex obzas videlicet de Vineis in Peruza.

S. Bernardi prioris et ipsuis Willelmi qui hoc donum fecit, et filii ejus, Johannis Frès, Willelmi fratris ejus, S. Roberti fratris ejus. V : Mô Bollerii qui obedientiam de sancto Hilario tenebat.

CHARTE D'UNE DONATION

Faite aux moines de Sauxillanges par Gerbert Maiefret, et à laquelle Durand de Boulier, qui avait épousé sa fille, assiste comme signataire (1125).

Donationem quam fecit D^{mo} Deo et S° Petro Gerbertus Maiefret, unum mansum ad espesa apud jambaizac ii et unam appendariam apud montem unum mansum. S. Bertranisi de Castelnau a quo procedit. S. Stephanis Maiefret filii ejus et uxoris ejus Gauzberga mortui. S. Duranni Bollerii qui habet filiam ejus.

ACTE DE L'AN 1155

Extrait tiré du Gallia Christiana

(ÉDITION DE 1720, TOME 2, PAGE 399)

LISTE DES ABBÉS DE L'ABBAYE DE MONTPEYROUX

EN AUVERGNE.

Theobaldus recensetur abbas tertius in charta falconis de Saligny abbatiœ, secundum aliquos, fundatoris, quâ idem falco omnia quœ monasterio donaverat in terris Montispetrosi et Podii Guillelmi rata habet, et omne jus ac dominium in homines dictarum terrum attribuit, traditione unius calicis argentei duarum marcharum pondo.

Actum anno 1155, presentibus viris nobilibus HUGONE DE LA BATISSE, PETRO BOUILLETZ, PETRO DE CHABANNES, GUILLELMO DE MONTVIANNAT. &.

TITRE DES CROISADES (1249)

Présenté pour l'admission des noms et armoiries de la maison DE BOUILLÉ, dans la salle des Croisades, au musée de Versailles, en 1842.

L'original de ce titre est en la possession du comte Arthur de Bouillé ; il est écrit sur parchemin en langue espagnole, et a été copié et traduit en français pour le musée de Versailles par M. Léon La Cabanne, alors premier employé au département des manuscrits de la Bibliothèque royale.

La teneur du dit acte indique que DALMAS DE BOUILLÉ (Dalmacius Bollerii) y figure comme témoin d'un engagement contracté en 1249 par Alphonse, comte de Poitiers, envers deux Espagnols.

« Conozuda cosa seo o coantos esta carta veran como
« yo, Sancho Lopez del Ciego, mesnardero, recebi de vos,
« Agabito Gacolo, 50 livras de bonos torneses, las quales
« a mi prestates por mandamiento del sennior Alfonso,
« conde de Poetiers, los quales dineros devo dar et pagar
« en tiempo et en penas dichas et de los quales dineros
« me tiengo por bien pagado de vos... Son testigos desto :
« DALMACIUS BOLLERII et AYMERICUS CHARRERII...

« Et yo, Garcia Llerigo, scriva esta carta et fiz esti mio
« signo avos tumpuado in testimonianco de las antedichas
« cosas... Dota en Damyetta, lunes segundo del mes de
« noviembre ; anno domini millesimo ducentesimo quadra-
« gesimo nono. »

TITRE RELATIF A HUGUES DE BOUILLÉ

CHAMBELLAN DU ROI LOUIS X,

COPIÉ

D'APRÈS UN PARCHEMIN DU TRÉSOR DES CHARTES

(Archives de l'Empire, 1327.)

« Chers amis maistre Pierre, je entends que vous avez
« une cédule qui touche l'exécution de feu Monseigneur
« Pierre d'Estampes, que Dex absoïlle, pourquoi je vous
« prie que la dite cédule vous m'envoyiez par le porteur
« de ces lettres.... Notre-Seigneur soit garde de vous.
« Escrit à Paris, lundi après Saint-Vincent, 1327.
  « Hue (pour Hugues), Seigneur de Bouillé,
    « Chambellan du roy. »

EXTRAIT DE L'ARMORIAL D'AUVERGNE, BOURBONNAIS ET FOREZ,

Peint en 1450 par Guillaume Revel, hérault d'armes
 du roi Charles VII (manuscrit in-folio en parchemin, bibliothèque impériale):

« Guillaume Bolier : de gueules, à la croix anchrée
d'argent.... cimier une tête de chien..... Cri : *Le Chariol*.

EXTRAIT

des *Chroniques d'Anjou et du Maine*, par JEAN DE BOURDIGNÉ, avec un avant-propos de M. le comte DE QUATREBARBES et des notes de M. GOELARD-FAULTRIER, nouvelle édition, Angers 1842, librairie de Cosnier et La Chèse.

(2me volume, chapitre 16, page 195 et suivantes.)

Des Courses et entre prisses que fist le roy René,

TANT AU MEINE QUE EN NORMANDIE.

(1449)

Les Angloys ne povans desraciner l'ancien vesnin de hayne qu'ils ont de long-temps planté en leurs cœurs contre la natyon françoyse, voulurent, comme parjures et violateurs de plusieurs articles compris en l'alliance et traicté fait au siége de Metz, le mariage faisant de Henry de Lanclastre et de dame Marguerite d'Anjou, tout le royaulme de France, et entre autres, les pays d'Anjou et du Meine, par guerres molester en plusieurs endroitz, et mesmes s'efforçaient retenir la ville du Mans, laquelle moyennant icelly mariage avaient promis rendre et plusieurs autres villes et forteresses au royaulme de France. A cette cause, l'an mil quatre cent quarante-neuf, le roy René appelé Charles, comte de Meine, son frère, et plusieurs autres seigneurs de son sang sommer les Angloys d'accomplir vers le roy de France et lui leurs promesses et tenir les articles et conventions qu'ils avaient jurés, ce que par cautelle délayaient, disant toujours qu'ils le feraient; et quand le roy René, qui était homme d'esprit, congneut leur fraulde, il fut trop courroucé d'avoir jamais prins leur alliance et les eut en grant hayne, car il estimait chascun devoir aller plainement comme luy. Pourquoi délibéra s'en venger et pour ce mettre à exécution grosse armée assembla, délibérant aux Angloys parjures faire forte guerre. A son mandement vindrent plusieurs ses alliés, entre lesquels furent les ducz de Bretagne et d'Alençon, les comtes du Meine, de Dunoy, de Saint-Paoul, d'Eu, les seigneurs de Clermont, les sires de Pressigny, DE BOUILLÉ, de Montreuil, de Mauge, de Scepeaux, et plusieurs gentilshommes de ses pays d'Anjou et du Maine, et avec cette noble chevalerie se vint rendre au roy de France, étant pour lors à Louviers, offrant les corps et biens de luy et de tous ses amys et alliez en son service.

EXTRAIT

de l'*Histoire ecclésiastique* de l'abbé Fleury.

(tome 34, pages 606 et 607, édition in-4º.)

L'armée du roi lève le siége de Cognac et prend Montaigu et Tissange (1569).....

..... Cependant, le duc d'Anjou fit avancer son armée vers Cognac ; il fit amener du canon, mais comme il y avait dans cette place sept mille hommes d'infanterie tout frais qui faisaient des sorties vigoureuses, les gens du roi, dont plus de trois cents périrent, fatigués par les fréquentes sorties, jugèrent à propos de lever le siége. Le duc d'Anjou ayant reçu un renfort de trois mille hommes de pied, levés dans le Poitou et conduits par Puy Gaillard et DE Bouillé, l'un gouverneur de Nantes, l'autre gouverneur d'Angers, alla investir Montaigu dont il s'empara, ainsi que de Tissange.

NOTES

Extraites de l'*Histoire ecclésiastique et civile de Bretagne*, par DOM CHARLES TAILLANDIER, bénédictin de la Congrégation de Saint-Maur.

Dans le temps que le roi (Charles IX) faisait publier cet édit (édit en faveur des protestants), il envoya des ordres secrets pour faire dans les provinces ce qui s'était fait à Paris. Meaux, Orléans, Angers, Bourges, La Charité-sur-Loire, Troyes, Lyon, Rouen et d'autres villes ne furent que trop dociles à exécuter ces ordres sanguinaires, et l'on vit recommencer dans les provinces les meurtres et le carnage.....

Il se trouva cependant des gouverneurs assez modérés pour refuser de les exécuter. Le duc de Montpensier, gouverneur de Bretagne, n'était pas heureusement dans la province : ce prince aurait sans doute voulu faire en Bretagne ce qu'il avait exécuté à Paris le jour de la Saint-Barthélemy. Quoi qu'il en soit, l'on ne répandit pas de sang en Bretagne... Le nombre des protestants était petit ; ils avaient vécu en repos..... Ainsi, soit que la cour les méprisât, soit que M. DE BOUILLÉ, lieutenant-général de la province, ne fût pas d'humeur à sacrifier tant de victimes, il n'y eut point de massacre.

EXTRAIT

de l'*Histoire de Bretagne,* par DARU

(tome 3, page 387.)

1572.... Il n'y avait que le massacre de la Saint-Barthélemy auquel la Bretagne eut le bonheur d'échapper, grâce à l'absence du gouverneur et à la sagesse du commandant BOUILLÉ qui le remplaçait.

NOTE CONCERNANT
RENÉ DE BOUILLÉ, COMTE DE CRÉANCE.

Sitôt que le maréchal d'Aumont fut arrivé à Tours, il assembla tout ce qu'il put de serviteurs du roi, comme Messieurs de Souvray, de Lavardin, de Montigny, de Clermont, DE BOUILLÉ et son frère le marquis de Villaines, et toute la noblesse du pays, et firent environ trois cents chevaux et deux mille cinq cents hommes de pied, dont M. de Lavardin fit la meilleure partie, et eurent deux canons du Mans, autant d'Angers, et quelques autres pièces, et avec ces forces et tous les dits seigneurs et noblesse, mon dit sieur maréchal s'achemina droit à Mayenne, l'attaquent et le battent, et le prennent par composition en quinze jours. Pendant ces choses, M. de Boisdauphin était à Laval avec toutes les forces; mais il ne s'opposa nullement à leurs desseins.

On lit dans l'*Histoire de l'Ordre du Saint-Esprit*, par M. DE SAINT FOIX, historiographe des ordres du roi, volume 2, page 288 (édition de 1771, — Paris, chez Didot l'aîné, libraire-imprimeur, rue Pavée), à l'article RENÉ DE BOUILLÉ :

RENÉ DE BOUILLÉ, COMTE DE CRÉANCE, capitaine de cinquante hommes d'armes, conseiller d'état, gouverneur de Sarlat et de Périgueux, fils de René de Bouillé et de Jacqueline d'Estouteville, comtesse de Créance.

Dragues Comnène, qui se disait issu des empereurs d'Orient, commandait dans la Ferté-Bernard au nom de la ligue. BOUILLÉ n'avait pas donné dans une embuscade qu'il lui avait dressée, et l'avait, au contraire, obligé de rentrer bien vite dans cette ville avec perte de la moitié de sa troupe. Henri IV, en réponse à une lettre où le prince de Conti lui parlait de cette action, lui disait : *Le Manceau a donc été plus fin que le Grec; je l'ai toujours connu pour aussi avisé que valeureux; je suis bien aise que vous l'aimiez et que vous le reteniez avec vous; il peut bien conseiller et bien agir.*

BOUILLÉ était un des plus considérables parmi la noblesse du Maine; les d'Angennes et lui, après bien de petits combats et des prises et reprises de villes, chassèrent entièrement Guy de Lansac de cette province, malgré tous les renforts que lui envoyait le duc de Mercœur.

On lit dans le même ouvrage, à l'article Hallwin, 1ᵉʳ volume, 2ᵐᵉ partie, page 58 :

Charles de Hallwin, seigneur de Piennes, marquis de Maignelais, chevalier de l'ordre du roi, capitaine de cent hommes d'armes des ordonnances, conseiller au conseil d'état et privé, gouverneur de Metz et du pays Messin, duc et pair de France en 1588 (le neuvième de la première promotion de l'ordre du Saint-Esprit). Il pouvait, je crois, se vanter d'être le gentilhomme du royaume qui avait le plus versé de son sang au service de ses rois : il s'était trouvé à quinze siéges, à onze batailles ou combats, et y avait toujours été blessé. Sa destinée, par rapport à ses enfants, n'est pas moins remarquable. Il avait épousé Anne Chabot, et il en avait eu cinq fils et une fille : deux furent assassinés ; les trois autres et le mari de cette fille furent tués.

L'aîné, Antoine de Magnolais, âgé de vingt ans, ayant eu querelle au bal avec Livarot, ils se donnèrent rendez-vous pour se battre le lendemain 5 mai 1584 : la cour était alors à Blois. L'Estoile et Brantôme rapportent que Livarot avait envoyé dès le soir son laquais cacher une épée dans le sable, au bord de la rivière de Loire, dans l'endroit où ils devaient se battre ; que Maignelais tua Livarot, et que le laquais de Livarot, avec l'épée cachée dans le sable, tua par derrière Maignelais, qui tomba mort sur Livarot et ne put prononcer que ces mots : « Ah ! mon Dieu ! qu'est-ce ceci ?... » Ce laquais ne fut que pendu.

Son frère, Florimond d'Hallwin, gouverneur de La Fère, y fut assassiné, en sortant de l'église, par Colas, lieutenant des gardes du duc de Mayenne.

Leur troisième frère, Robert d'Hallwin, seigneur de Roussoi, fut tué à la bataille de Coutras.

Les deux derniers frères, Léonor d'Hallwin, seigneur de Roussoi, gouverneur de Dourlens, et Charles d'Hallwin, comte de Dinan, furent tués à la prise de cette ville.

FRANÇOIS DE BOUILLÉ, leur beau-frère, fut tué à la bataille de Senlis.

ÉLOGE DE LA MAISON DE BOUILLÉ

PAR LE SIEUR D'HOZIER DE SÉRIGNY,

JUGE D'ARMES DE LA NOBLESSE DE FRANCE EN 1775.

DE BOULIER ou BOUILLÉ, DU CHARIOL

BARONS D'AUROUZE, D'ALLERÊT ET DE THINIÈRES,

Seigneurs de Coulanges, du Vialard, etc., en Auvergne.

La maison DE BOULIER, connue également sous le nom DU CHARIOL, est aussi distinguée par son ancienneté que par ses alliances. Elle était, dès le temps des Croisades, dans la classe de la chevalerie. On sait que cet honneur était alors le prix du sang et la récompense des services les plus distingués rendus à la patrie.

Noble PIERRE BOUILLETZ fut présent avec Pierre de Chabannes et plusieurs autres nobles à un acte de l'an 1155, concernant Thibaud, abbé de Montpeyroux, en Auvergne (Voir page 128).

La généalogie de la branche du Chariol de la maison DE BOUILLÉ, dressée sur titres originaux et certifiée véritable par le sieur d'Hozier de Sérigny, juge d'armes de la noblesse de France, se trouve insérée avec copie de preuves à l'appui, au 7me registre de l'*Armorial général de l'Empire.* — Elle a été reproduite également par le sieur Chérin, généalogiste des ordres du roi, à diverses époques, entr'autres en 1783, lorsque M. le Marquis de Bouillé fut reçu chevalier du Saint-Esprit, et en 1785 et 1786, lorsque M. le Comte de Bouillé, colonel du régiment de Viennois, et M. le Vicomte de Bouillé firent leurs preuves pour monter dans les carosses, conformément à l'ordonnance du roi, en date du 17 avril 1760.

NOMS

DES AUTEURS ET DES OUVRAGES GÉNÉALOGIQUES

QUI FONT MENTION DE LA MAISON DE BOUILLÉ.

Dictionnaire de la noblesse, par La Chesnet-des-Bois, édition de 1774, in-4°, tome 2, page 735.

Baluze.

Gallia Christiana.

Histoire des grands officiers de la couronne, par le Père Anselme, tome 2, page 454 ; — tome 3, page 641 ; — A tome 4, page 686. — C 6 - 189. A 481. – B, tome 7, page 386 A et 227. A 445. D 515. B 8. 188 B. 9, page 73 et 96 B.

Coutume d'Auvergne, par Chabrol, conseiller d'état, etc., tome 4.

Histoire de l'ordre du Saint-Esprit, par Saint Foix.

BREVET

DE

DON DE DEUX PIÈCES DE CANON

AU MARQUIS DE BOUILLÉ

(Extrait des documents conservés aux Archives).

Aujourd'hui 24me jour du mois de septembre mil sept cent quatre-vingt-trois, LE ROI étant à Versailles, Sa Majesté voulant donner au sieur FRANÇOIS-CLAUDE-AMOUR, MARQUIS DE BOUILLÉ, chevalier admis de ses ordres, lieutenant général des Iles du Vent de l'Amérique, un nouveau témoignage de la satisfaction qu'elle a des services distingués qu'il lui a rendus, et particulièrement à la conquête de l'Isle de Saint-Christophe, elle lui a fait don par ces présentes de deux pièces de canon de fonte du calibre de trois, prises au siége de la dite isle, sur le 1er régiment d'Angleterre, qu'elle lui a permis et permet de placer à sa maison d'Orly, près Paris, et ce nonobstant toutes ordonnances contraires auxquelles Sa Majesté a dérogé et déroge à cet égard seulement, sans tirer à conséquence, et pour témoignage de ce qui est en cela de la volonté de Sa Majesté, elle m'a commandé de lui en expédier le présent brevet qu'elle a signé de sa main et fait contresigner par moi, son conseiller secrétaire d'état et de ses commandements et finances.

Le chef du dépôt des Archives de la Marine et des Colonies certifie que l'extrait qui précède est conforme aux documents conservés aux dites archives.

Paris, le 26 septembre 1844.

Signé : D'AVEZAC.

Le Ministre secrétaire d'état au département de la Marine et des Colonies certifie à tous ceux qu'il appartiendra, que la signature apposée d'autre part est celle de M. d'Avezac, chef du dépôt des Archives de la Marine et des Colonies, et que foi doit y être ajoutée tant en jugement que hors.

Paris, le 27 septembre 1844.

Pour le ministre et par délégation :

Le Maître des requêtes, chef de la division du secrétariat général,

Signé : CHAUCHEPRAT.

BREVET DE PAIR

DU

COMTE DE BOUILLÉ (François-Marie-Michel)

MARÉCHAL DE CAMP,

AIDE DE CAMP DU ROI CHARLES X.

CHARLES,

Par la grâce de Dieu roi de France et de Navarre,
A tous présents et à venir, salut.

En conformité de l'article 27 de la charte constitutionnelle ainsi conçu :

« La nomination des pairs de France appartient au roi. »
Nous avons élevé, par notre ordonnance du 5 novembre 1827, à la dignité de pair de France, notre très-cher amé et féal, François-Marie-Michel, Comte de Bouillé, né le 13 janvier 1779, à la Martinique, colonie française, maréchal de camp, l'un de nos aides de camp, commandeur de notre ordre royal de la Légion d'Honneur, chevalier de notre ordre royal et militaire de Saint-Louis, chevalier des ordres de Saint-Jean-de-Jérusalem et de l'Etoile polaire de Suède. Il avait été statué, par l'article 1er de l'ordonnance du 25 août 1817, que nul ne serait appelé à la Chambre des pairs s'il n'avait obtenu l'autorisation de fonder un majorat et si ce majorat n'était fondé ; mais, aux termes de

l'article 2 de notre ordonnance sus-énoncée du 5 novembre 1827, nous avons dispensé les pairs nommés par cette ordonnance de l'institution préalable du majorat, en ordonnant toutefois qu'il en fût attaché un à leurs pairies pour qu'ils pussent profiter du bénéfice de l'article 1er de l'ordonnance royale du 19 août 1815, et rendre ainsi la dignité de pair héréditaire dans leurs familles. Depuis et en vertu d'une décision royale du 3 décembre 1823, les majorats de pairies ont pu être suppléés par les pensions assignées ou qui le seraient à l'avenir par nous à des membres de la Chambre des Pairs sur les fonds de l'ancienne dotation du sénat, lesquelles pensions ont été déclarées irrévocables et transmissibles (jusqu'à concurrence de douze mille francs) aux descendants légitimes du titulaire, de mâle en mâle, par ordre de primogéniture. Enfin, par notre décision du 26 décembre 1828, nous avons accordé à notre très cher Amé et féal Comte de Bouillé une pension de dix mille francs sur l'ancienne dotation du sénat. En conséquence et en vertu des ordonnances et décisions du 25 août 1817, 1er septembre 1819, 3 décembre 1823, 5 novembre 1827 et 26 décembre 1828, notre très cher Amé et féal Comte de Bouillé s'étant retiré par devant notre garde des sceaux, pair de France, ministre secrétaire d'état au département de la justice, afin d'obtenir de notre grâce les lettres patentes qui lui sont nécessaires pour jouir de l'institution de sa pairie, nous avons, par ces présentes signées de notre main, déclaré qu'au moment de la concession par nous faite à notre très cher Amé et féal le Comte de Bouillé de la dite pension de dix mille francs, qui, par la décision royale du 3 décembre 1823, a été déclarée transmissible et irrévocable, et qui peut, en vertu de la même décision, remplacer le majorat voulu par notre ordonnance du cinq novembre 1827, pour assurer l'hérédité de la pairie de notre très cher Amé et féal le Comte de Bouillé, et en tenir lieu, la pairie du dit sieur François-Marie-Michel, Comte de Bouillé, est et demeure instituée héréditairement sous le titre de baron, pour jouir des dits titre, Pairie et pension irrévocable, inséparables désormais, par lui et ses descendants directs, naturels et légitimes, de mâle en mâle, par ordre de primogéniture, ou par la ligne collatérale qu'il nous plairait d'y appeler. Ordonnons que notre très cher Amé et féal le Comte de Bouillé prendra rang à la Chambre des Pairs parmi les barons; lui permettons de se dire et qualifier baron et pair dans tous actes et contrats, tant en jugement que hors jugement; voulons qu'il soit reconnu partout en la dite qualité, qu'il jouisse des honneurs attachés à ce titre, et que tous les officiers publics le qualifient, en outre, en tous actes et contrats le concernant et dans lesquels il interviendra, de très noble et très illustre pair de France. Concédons à lui et à ses successeurs le droit de placer ses armoiries telles qu'elles se comportent, savoir : écartelé : au premier et quatrième d'argent, à la fasce de gueule, frettée d'or, accompagnée de deux burelles aussi de gueule ; aux deuxième et troisième de gueule, à la croix ancrée d'argent; sur un manteau d'azur doublé d'hermine, et de le timbrer d'une couronne de pair ou bonnet d'azur cerclé d'hermine, entouré de la couronne de baron et surmonté d'une houppe d'or. Chargeons notre garde des sceaux, pair de France, ministre et secrétaire d'état au département de la justice, de donner communication des présentes à la Chambre des Pairs et d'en surveiller l'insertion au *Bulletin des Lois*.

Mandons à nos procureurs généraux près nos cours royales et à tous autres nos procureurs près les tribunaux de première instance sur les lieux, de faire publier et registrer les présentes en l'audience de la cour royale et du tribunal du domicile de notre très cher Amé et féal le Comte de Bouillé, et partout où besoin sera ; car tel est notre bon plaisir. Et afin que ce soit chose ferme et stable à toujours, notre garde des sceaux, pair de France, y a fait apposer notre sceau, en présence de notre commission du sceau, et nous y avons apposé notre seing royal.

Donné à Paris, le premier jour d'avril de l'an de grâce dix-huit cent vingt-neuf, de notre règne le cinquième.

CHARLES.

Par le roi :

Le pair et garde des sceaux de France, ministre et secrétaire d'état au département de la justice,

Comte Portalis.

Vu au sceau :

Le pair et garde des sceaux de France, ministre et secrétaire d'état au département de la justice,

Comte Portalis.

Visa. — A défaut du président du conseil des ministres,

Le pair et garde des sceaux de France, ministre et secrétaire d'état au département de la justice,

Comte Portalis.

Enregistré à la commission du sceau, registre P. M. a, folio 274.

Le secrétaire général du sceau,
CUVRILLIER.

Lu, publié, ouï et ce requérant le procureur général du roi, en audience publique de la première chambre de la cour royale de Paris, suivant son arrêt du samedi six juin mil huit cent vingt-neuf, et transcrit, en exécution du dit arrêt, sur le registre à ce destiné.

Le greffier en chef,
V. DUPLÈS.

NOTICE SUR LA VIE

DU

MARQUIS DE BOUILLÉ

(FRANÇOIS-CLAUDE-AMOUR)

CHEVALIER DES ORDRES DU ROI,
GOUVERNEUR DE DOUAI,
GOUVERNEUR GÉNÉRAL DES ILES DU VENT PENDANT LA GUERRE D'AMÉRIQUE
MEMBRE DES DEUX ASSEMBLÉES DES NOTABLES
EN 1787 ET 1788
GÉNÉRAL EN CHEF DE L'ARMÉE DE MEUSE, SARRE ET MOSELLE
EN 1790 ET 1791

par

DARRIÈRE

Au nombre des biens que donne la fortune, qui pourrait dédaigner les avantages de la naissance? Peut-être est-ce un fardeau pesant qu'un grand nom, pour qui ne mêle aucune gloire récente à l'éclat d'une ancienne illustration; mais la noblesse est un don précieux, lorsqu'on hérite à la fois du rang et des vertus de ses pères. Il est heureux d'être le descendant des héros, quand on peut devenir leur égal; appelé par sa naissance à tous les honneurs, il est beau d'y pouvoir prétendre plus justement encore par son mérite. La maison de Bouillé semble avoir pris l'engagement de ne devoir jamais ses dignités qu'à ses services, depuis qu'elle a choisi pour maxime, et placé pour devise au milieu de ses armes, ces nobles mots : *Tout par labeur*.

François-Claude-Amour, MARQUIS DE BOUILLÉ, l'un des rejetons les plus célèbres de cette famille, naquit en Auvergne, au château du Cluzel, le 19 novembre 1739. Dans cette province où ses ancêtres étaient venus s'établir dès le onzième siècle, tout l'entretenait de leur noblesse et de leur valeur. En apprenant l'antiquité de leur origine, l'éclat des dignités dont ils avaient été revêtus, l'illustration des alliances contractées par eux, une âme vaine aurait connu l'orgueil; mais le jeune marquis de Bouillé, plus occupé des actions que des titres de ses aïeux, se fit montrer les armes qu'ils portaient autrefois dans la Palestine, les étendards qu'ils avaient ravis aux Turcs, en combattant plus tard sur les galères de Malte; il apprit leur histoire; il tressaillit au récit de leurs faits d'armes, et les premières impressions de sa jeunesse décidèrent de sa vie entière : il aima la gloire.

Dès l'âge de quatorze ans, il courut se mêler dans les rangs des soldats (1). Il partageait leurs exercices, il bravait avec eux l'ardeur du jour, la fatigue des marches, et les rigueurs du bivouac. Au milieu des manœuvres, ou sous la tente, il étudiait les besoins, les penchants, les mœurs de ses compagnons d'armes, pour savoir ce que l'art de la guerre peut

---

(1) En 1754, un camp fut formé à Gray, dans la Franche-Comté, sous le commandement du duc de Randan. M. de Bouillé servit à cette époque en qualité de cadet dans le régiment d'infanterie du prince de Rohan-Rochefort. Il manœuvrait dans les rangs des grenadiers. Plus tard, il passa dix-huit mois dans la compagnie des Mousquetaires noirs, que commandait le comte de Montboissier, son parent.

obtenir des forces de l'homme, des lois de la discipline, ou des élans du courage. Les camps étaient pour lui l'école des combats; et par les devoirs de l'obéissance, il apprenait à connaître l'usage et l'empire du commandement : bientôt il allait commander à son tour.

Jamais la France n'avait eu plus besoin de guerriers; jamais nos armes n'avaient éprouvé plus d'affronts qu'à cette époque de la guerre de sept ans. Aucun enthousiasme militaire n'animait la nation; l'armée semblait avoir oublié l'art des combats et perdu jusqu'au souvenir de ses anciens exploits. Est-ce dans les plaines de Rosbach, ou sur les champs de bataille de Crevelt et de Minden, qu'on aurait pu reconnaître la valeureuse infanterie de Fontenoi?... C'étaient pourtant les mêmes soldats, mais ce n'étaient plus les mêmes chefs. Sous un monarque indolent, les caprices d'une femme ambitieuse et vaine traçaient le plan des opérations militaires, et donnaient des chefs à l'armée. L'histoire de leurs campagnes ne présente que le tableau de leurs fautes et de nos revers. L'armée, qui paraissait avoir perdu tout sentiment de sa force et de sa dignité, sous des généraux choisis par la faveur, se consolait de leurs défaites par des chansons. Aucun exemple, aucune exhortation ne pouvaient ramener à la victoire des officiers sans talent et des soldats sans discipline. O champs de Clostercamps, vous aviez vu tomber d'Assas, et son dévoûment sublime n'avait point enfanté des héros!

M. de Bouillé vint grossir le petit nombre des guerriers qui sauvaient du moins l'honneur de nos armes. En 1756, il avait été nommé capitaine dans les dragons du régiment de La Ferronnays. En commençant la campagne, il résolut de mettre à profit, pour son instruction, les marches, les campements, les succès et les revers mêmes. Dans l'attaque ou dans la retraite, on le trouvait toujours au plus fort des périls. Passer des fleuves à la nage, s'élancer dans la mêlée, soutenir une charge, emporter une redoute, enfoncer un carré, revenir du champ de bataille, tout couvert de fumée, de blessures et de gloire, tels étaient les premiers exercices, j'ai presque dit les premiers amusements de sa vie militaire.

Déjà le jeune officier n'était plus cité qu'avec éloges; déjà son avancement avait été la récompense de plusieurs actions d'éclat, lorsque les mouvements de l'armée dans laquelle il servait alors lui présentèrent une de ces occasions dont il était toujours avide. Au combat de Grumberg, il commandait notre avant-garde. Apercevoir une colonne ennemie, la couper, l'attaquer, la vaincre, ce fut pour M. de Bouillé l'ouvrage d'un moment. Ce mouvement hardi décida le sort du combat, et la victoire, pour un moment du moins, parut sourire à nos drapeaux. De rang en rang, l'on répétait le nom du marquis de Bouillé : le maréchal de Broglie, témoin de son heureuse audace, le chargea de porter à Versailles et la nouvelle et les gages du succès. Aussi modeste que brave, il remit au roi ses dépêches, répondit aux questions du prince, vanta beaucoup les actions des autres, et garda le silence sur les siennes. « Messieurs, dit Louis XVI aux courtisans qui l'entouraient, il « est le seul dont il ne parle pas, et cependant il s'est fort « distingué : il a pris des canons et des drapeaux. » Mots flatteurs qui payaient déjà ses services!... Le roi joignit à ces paroles le rang de colonel. M. de Bouillé fit avec honneur une seconde campagne en Allemagne (1); et, rappelé sur les côtes

---

(1) M. de Bouillé, en attendant la vacance d'un régiment, fit le service de colonel, sans quitter les dragons de La Ferronnays. On lui confia souvent le commandement de nos avant-gardes. Il eut une affaire brillante sous les murs d'Eimsbeck. Blessé d'un coup de sabre et renversé de cheval au combat de Quedlimbourg, il fut

de la Normandie, il allait s'embarquer avec son régiment pour une expédition lointaine, quand les négociations entamées mirent un terme à la guerre et à nos longs désastres.

Le traité de Paris, qui nous fit acheter la paix aux plus dures conditions, nous rendit cependant les îles ravies à la France, dans une guerre où la marine n'avait pas éprouvé moins d'humiliation que l'armée. Nos possessions coloniales avaient besoin d'un chef dont l'administration ferme, vigilante, éclairée, réparât les maux qu'elles avaient soufferts, rallumât dans le cœur des habitants des sentiments d'affection refroidis par nos désastres, et mît, pour l'avenir, leurs ports à couvert des insultes, et leurs biens à l'abri du pillage. M. de Bouillé fut, à vingt-huit ans, nommé gouverneur de la Guadeloupe. Des mers lointaines, un ciel, un climat, des lieux nouveaux pour lui, allaient offrir de graves sujets de méditation à son esprit. Les devoirs de sa place, d'accord avec ses inclinations, l'attachaient plus que jamais aux études qu'exigeait son état.

Quelles sont les entreprises que peut tenter le courage au milieu de ces îles séparées entre elles par d'étroits bras de mer, occupées par des nations toujours rivales et souvent ennemies ? Sur quel point de ses possessions la puissance anglaise est-elle attaquable ? Pour triompher dans les Antilles, faut-il employer la force ou la ruse ? Quels temps, quelles saisons, quels vaisseaux, quelles armes y sont favorables aux combats ? Voilà quels soins occupaient la pensée toujours active du nouveau gouverneur. Il voulut savoir ce qu'on avait à

---

fait prisonnier. On l'échangea peu de mois après. Il eut, à cette époque, le régiment d'infanterie de Wostan, dont le colonel venait d'être tué au siége de Brunswick. Ce régiment porta le nom de *Bouillé* qu'il garda jusqu'à la paix ; il prit alors celui de Vexin.

redouter de la chaleur du climat et de la violence des vents. Il apprit à connaître, sur la carte, par des voyages ou par de fidèles rapports, la profondeur des eaux, la rapidité des courants, les mouillages que présentent les côtes, les fortifications qui les couvrent, le nombre des soldats qui les défendent; en sorte qu'au sein même de la paix il avait tout préparé pour les succès de la guerre.

Elle éclata en 1778, à l'occasion de l'indépendance américaine, et l'on put regarder comme un signe précurseur des intentions de la France, la nomination de M. de Bouillé au gouvernement général de la Martinique et des îles du Vent. Dans les récompenses données à l'administrateur, il était aisé de voir ce qu'on attendait du zèle et des talents du guerrier.

Ce n'est point ici le lieu de remarquer comment un impôt abusif, établi par le gouvernement anglais dans les provinces du nord de l'Amérique, disposa leurs habitants à la résistance; ni comment quelques ballots de thé jetés dans la mer, à Boston, produisirent une secousse dont le contre-coup se fit sentir dans les deux mondes. La France fut-elle habile, imprudente ou généreuse dans sa politique, en épousant la querelle des insurgés américains? C'est une question que je n'examinerai point davantage; mais il importe à la connaissance du caractère et des opinions de M. le marquis de Bouillé, de montrer comment il prit une part brillante aux évènements de cette guerre, sans approuver l'esprit qui la dirigea.

Lorsque, après trois années de séjour à la Guadeloupe, M. de Bouillé revint en Europe, il fut frappé des progrès que de nouveaux principes avaient faits parmi ses compatriotes. Il devina bientôt quels sentiments de bienveillance animaient, en faveur des colonies anglaises, les écrivains qui commandaient en France à l'opinion publique. Le congrès de Philadelphie avait consacré leurs maximes, et réalisé leurs vœux par les déclarations dans lesquelles il revendique les droits des peuples. Le caractère national secondait puissamment, à cette époque, l'impulsion que le parti philosophique donnait aux esprits. Un peuple généreux devait voir avec intérêt des hommes qui, sans expérience et pour ainsi dire sans armes, soutenus uniquement par l'espoir d'affranchir un jour leur pays, luttaient contre les bataillons aguerris et nombreux de la Grande-Bretagne; et cette ardeur guerrière, si prompte à s'allumer dans le cœur des Français, s'enflammait encore du désir de protéger la faiblesse, et d'aider le patriotisme.

M. de Bouillé, nourri dès sa jeunesse dans le respect des anciennes institutions monarchiques, fut étonné sans doute de voir, à Paris, les ministres d'un prince absolu favoriser l'indépendance, et plus surpris encore d'entendre les courtisans de Versailles propager eux-mêmes l'enthousiasme des idées républicaines; il put appréhender dès lors que ce changement dans la politique ne préparât bientôt une révolution dans l'état. Quoi qu'il en soit, ses principes expliquent assez comment, à l'époque où de jeunes officiers, devançant les ordres de leur gouvernement, s'associaient, avec autant d'éclat que de constance, à la fortune longtemps douteuse des Américains, et semblaient entraînés dans leurs rangs par l'amour de la liberté, M. de Bouillé ne voyait à soutenir, dans les combats auxquels il allait prendre part, que l'antique honneur des armes françaises et la gloire de la monarchie.

La France lui dut ses premiers succès en Amérique. Ses plans sont arrêtés, ses dispositions sont prises : pour mieux tromper la vigilance des Anglais, il choisit le moment où le marin le plus intrépide craint d'affronter une mer indomptable. La témérité de son entreprise doit en favoriser le succès. Il débarque à la Dominique, marche vers un des forts qui la protègent, et l'enlève l'épée à la main. Surpris, épouvanté, l'ennemi ne se croit plus en sûreté dans ceux qu'il occupe encore. Il demande à capituler, et les drapeaux français flottent sur de nouveaux rivages (1). L'audace et les succès du vainqueur ont répandu l'alarme dans toutes les colonies anglaises. De quel côté vont tomber les coups qu'il prépare? Il menace Sainte-Lucie, et fond sur Tabago. Rien ne résiste à nos armes : l'escadre anglaise, dont les vaisseaux flottaient dans ces parages, put entendre à la fois et le canon qui commençait l'attaque et celui qui célébrait la victoire.

Ce n'est point assez pour lui d'ajouter aux possessions de la France; il veut encore venger ses alliés. Les Anglais qui, sans déclaration de guerre, ont enlevé Saint-Eustache à la Hollande, s'y croient à l'abri de toute entreprise. Il court les attaquer. Mais cette fois les vents contrarient sa marche; ses chaloupes, en approchant du rivage, vont se briser sur des écueils; les flots trop menaçants éloignent ses vaisseaux de la côte. Il reste à terre avec quatre cents hommes. Plus d'espoir de salut, s'il ne sait forcer la fortune à lui rester fidèle. A la faveur des dernières ombres de la nuit, il s'avance vers les fortifications anglaises. Les soldats qui les protègent sont dans la sécurité la plus profonde. La garnison manœuvrait sur l'esplanade; point de sentinelles, point de postes avancés. Un détachement de

---

(1) L'intervalle qui s'écoula entre la prise de la Dominique et celle de Tabago ne fut point perdu pour la réputation militaire de M. de Bouillé. Resté dans les Antilles avec des forces trop peu considérables pour rien entreprendre, il fit la guerre défensive la plus honorable. « Partout où l'ennemi se présenta, dit la *Biogra-* « *phie universelle,* il trouva Bouillé, et Bouillé valait à lui seul une « armée, par la confiance qu'il inspirait à chacune des îles, et par « la crainte que son nom imprimait à l'ennemi, qui renonça à toute « entreprise. »

soldats irlandais formait l'avant-garde française : leur uniforme rouge trompe les Anglais; ils croient saluer des compatriotes, une décharge de mousqueterie répond à leurs cris d'allégresse. Assiégés, assiégeants entrent en foule dans la citadelle. Les Français ont l'audace d'en lever le pont-levis derrière eux. Ils sont vainqueurs puisqu'ils n'ont plus qu'à combattre : une poignée d'hommes a conquis cette île qui pouvait, disait l'amiral Rodney, résister aux efforts d'une armée nombreuse.

Ceux qui trouvaient M. de Bouillé si redoutable dans l'action, s'étonnaient de sa douceur après le combat. Le colon, l'étranger, le commerçant, ne réclamaient jamais en vain sa protection. On admirait également sa justice et son désintéressement (1). Ses ennemis redoutaient sa valeur et donnaient des éloges à son humanité. Un jour les vents furieux qui soulèvent les mers des Antilles, brisèrent en éclat deux frégates anglaises sur les côtes de la Martinique. Averti par des signaux de détresse, M. de Bouillé vient porter des secours à ceux contre lesquels il a si souvent combattu. Des feux protecteurs sont allumés sur le rivage; des cordes sont lancées à la mer. Il rassemble les débris échappés à la tourmente; il recueille les malheureux naufragés, les nourrit, les habille, et les renvoie,

---

(1) Les Anglais disaient eux-mêmes que M. de Bouillé comptait deux puissants auxiliaires dans les Antilles : sa justice et son désintéressement. L'amiral Rodney avait donné d'autres exemples en s'emparant de l'île Saint-Eustache, au mépris du droit des gens. Deux millions six cent mille livres qu'il avait ravis aux Hollandais se trouvaient encore dans l'île au moment où M. de Bouillé en fit la conquête : il rendit ces fonds à leurs véritables possesseurs. En 1786, les Etats-Généraux de Hollande lui firent remettre, par leur ambassadeur à Paris, UN SOLITAIRE DE 24,000 florins, pour reconnaître à la fois ses services et ses généreux procédés.

touchés de reconnaissance, et surpris d'être libres, à l'amiral anglais. *Je ne vois point d'ennemis*, disait-il, *je ne vois que des infortunés, dans ceux que poursuit la tempête; et je ne saurais faire prisonniers des hommes que les flots m'ont livrés sans défense.*

Un dernier exploit allait signaler sa valeur. Au milieu de l'île de Saint-Christophe s'élève un rocher immense dont les flancs escarpés rendent le sommet inaccessible. L'œil découvre de loin, sur les eaux, ce mont orgueilleux qui semble dominer les Antilles. Les travaux de l'art ont ajouté à ces fortifications naturelles, et quinze cents hommes se sont renfermés dans les murs qui couronnent ce nouveau Gibraltar. Telles sont les positions que M. de Bouillé vient attaquer. En vain, par une manœuvre adroite, l'amiral Hood sépare les troupes débarquées de la flotte qui les protège; en vain il essaie de jeter des secours dans Brimstonehill; M. de Bouillé, livré à ses seules ressources, contient les assiégés, et disperse les renforts qu'on leur destine. Son artillerie, bien dirigée, foudroie les remparts de la place, dont le feu commence à s'éteindre : bientôt nos grenadiers pourront s'élancer sur la brèche. L'ennemi consent à leur livrer les portes d'une forteresse dont la bayonnette allait leur ouvrir le chemin; mais, tandis que nos soldats triomphent, nos marins laissent échapper l'occasion d'une victoire.

Sans le désastre qu'éprouvèrent bientôt nos forces navales, le vainqueur de Saint-Eustache et de Saint-Christophe exécutait encore de plus vastes projets. Des mers de l'Amérique, monté sur une flotte française, que devait grossir une escadre espagnole, il voulait s'élancer vers l'Europe, et reporter sur le sort de l'Angleterre les maux et les combats qu'elle envoie aux extrémités du monde. Mais déjà de nouvelles tentatives seraient sans objet. Épuisée par ses efforts et par ses succès mêmes, l'Angleterre fléchit; l'Amérique est libre, la France est satisfaite, la paix est conclue. Les exploits de M. de Bouillé contribuent puissamment à la rendre honorable pour son pays.

Le gouvernement le rappela dans sa patrie pour y recevoir les éloges et les récompenses dus à sa conduite (1). Il voguait vers la terre natale, plein d'espérance et de joie. Il allait revoir ce peuple généreux et brave, spirituel et poli, capable de briller à la fois pour les travaux de la guerre, et par les arts de la paix. Ses yeux ne purent sans émotion découvrir de loin les rivages de la France. Après s'être associé à ses triomphes, il voulait jouir de sa prospérité; il voulait partager son repos. Hélas! il allait voir éclater dans son sein des mouvements plus impétueux, plus rapides et plus destructeurs que les ouragans des Antilles.

Ici ma tâche se trouve interrompue et pour ainsi dire ache-

---

(1) M. de Bouillé avait été nommé maréchal de camp en 1777. Il fut élevé au grade de lieutenant général, après la prise de Saint-Christophe; et lors de la signature de la paix, à l'époque de son retour en France, il fut compris dans la promotion que le roi fit en 1783 de plusieurs chevaliers de ses ordres. La guerre, loin d'enrichir M. de Bouillé, lui avait coûté de grands sacrifices; il devait sept cent mille livres. Louis XVI lui fit demander l'état de ses dettes et voulait les acquitter; mais la délicatesse de M. de Bouillé ne put lui permettre d'accepter cette marque de la générosité du prince. Il en reçut un présent plus flatteur à ses yeux; le roi lui donna deux pièces de canon prises à Saint-Christophe, et qui appartenaient au 1er régiment d'Angleterre. Ces pièces de canon, récompense honorable des services rendus à la France, étaient placées dans le château d'Orly, près Paris; elles en furent enlevées après le 14 juillet 1789.

vée; ici commencent les mémoires écrits par M. de Bouillé pour l'instruction de l'histoire. On peut connaître d'après lui-même son caractère, ses actions, ses idées politiques, ses vues pour le bonheur de ses concitoyens. On le suivra en Angleterre, où la reconnaissance des commerçants de Londres et de Glascow rendit hommage à ses procédés généreux (1); à Berlin, où Frédéric II, juge éclairé du vrai mérite, lui fit le plus honorable accueil. On le verra bientôt après assis à l'assemblée des notables, puis appelé plus tard au commandement général de plusieurs provinces; contenant le peuple et réprimant la licence dans l'armée; demeurant, en apparence, étranger aux partis qui divisaient la France; redouté du plus puissant, estimé de tous, et longtemps maître de donner la victoire à celui vers lequel inclinerait son choix. Pour M. de Bouillé, ce choix pouvait-il être douteux? Jamais le gouvernement monarchique n'eut de partisan plus éclairé; jamais Louis XVI ne compta de sujet plus dévoué, j'oserai dire d'ami plus fidèle. On connaîtra les projets qu'avait conçus M. de Bouillé; l'on saura comment le respect qu'il devait à des volontés augustes enchaîna son zèle, et comment, dans une circonstance bien mémorable, le sort et les hommes se plurent à déjouer toutes les combinaisons de sa prudence, à tromper tous les vœux de son cœur.

---

(1) La reine à laquelle il fut présenté, lui dit ces paroles si flatteuses : « Il faut avoir bien du mérite pour se faire autant aimer de ceux dont on s'est fait si longtemps craindre. » Les sujets anglais intéressés dans le commerce des Indes occidentales lui offrirent de riches présents : il ne voulut accepter des négociants de Londres qu'une épée et une plaque du Saint-Esprit en acier, et de la Chambre de commerce de Glascow qu'une paire de pistolets. Ces armes portent des inscriptions par lesquelles ses propres ennemis rendaient hommage à sa valeur et à sa magnanimité.

On n'a point assez fait son éloge en disant que son dévouement pour le roi et pour la monarchie tenait de l'héroïsme des temps anciens. Sans doute, par sa valeur et sa loyauté, le marquis de Bouillé eût dignement pris place parmi les chevaliers de Charles VII et de François Ier ; mais son caractère, ses idées, ses connaissances, ses talents militaires, le rapprochent davantage des généraux de Louis XIV : il eût mis comme eux sa gloire à rehausser la splendeur du trône ; il partageait leur admiration pour le système monarchique fondé par ce grand prince ; il ne croyait pas à l'impossibilité de prolonger la durée des institutions fondées vers le milieu du dix-septième siècle, parce que les idées d'honneur, de morale et de religion, qui servent de ressorts à ce gouvernement, avaient encore conservé sur son esprit toute leur force et tout leur empire. On aime à retrouver ainsi, dans les sentiments les plus honorables, la source des illusions dont sa raison ne pouvait le défendre.

L'on sait déjà ce que ses mémoires doivent d'intérêt aux événements dont ils offrent le tableau. Ils sont écrits avec la simplicité d'un soldat et la véracité d'un homme de bien.

Elevé dans les camps, M. de Bouillé n'a point prétendu à la gloire des lettres ; son style quelquefois négligé a cependant du nerf, de la vivacité, de la chaleur. M. de Bouillé avait un esprit juste, un caractère ferme, une âme noble. Il était né pour les choses grandes et fortes : personne plus que lui n'aimait, n'admirait les vertus que le malheur a rendues depuis si touchantes ; mais, pour raffermir un trône si violemment ébranlé, ce n'était point assez, selon lui, de la bonté de Louis XII, si l'on n'y joignait l'épée de Henri IV.

Obligé de quitter la France après la malheureuse issue du voyage de Varennes, la considération attachée à son nom, à ses services, l'accompagna dans l'étranger. Gustave, roi de Suède, l'honorait de son amitié. Catherine eût voulu l'attacher à sa cour. Le roi de Prusse et l'empereur d'Autriche ne pouvaient refuser leur estime à son caractère, leur confiance à ses talents. Il parut souvent auprès d'eux chargé des plus respectables pouvoirs. L'Angleterre, en 1792, désira le donner pour guide à l'inexpérience du duc d'Yorck, et, plus tard, la Vendée le demandait pour chef. Mais il se lassa d'accompagner un général qui n'écoutait sa voix que dans les revers, et n'accepta point le commandement d'une armée dont il appréciait les efforts héroïques, sans se dissimuler leur impuissance.

La rédaction de ses mémoires occupait en Angleterre les dernières années de sa vie. C'était en 1797. Dans la Hollande, en Suisse, en Espagne, sur les bords de l'Adige ou du Rhin, partout, à cette époque, les troupes françaises avaient été victorieuses. A travers les opinions toutes monarchiques et les sentiments tout dévoués de M. de Bouillé, l'on entrevoit qu'il n'était point insensible au triomphe de nos armes! Cette gloire militaire, qui si longtemps avait été son idole, brillait, dans les rangs de nos guerriers, d'un éclat qu'il ne pouvait méconnaître. Royaliste, leurs succès reculaient son espérance; Français, leurs exploits flattaient son orgueil. Cent fois il avait regretté d'inutiles menaces échappées à la chaleur de son premier mouvement, et dont pouvait s'offenser la patrie. Il avait vu l'invasion des armées étrangères, sans approuver de vaines jactances; et quand depuis la fortune passa du côté de la France, il ne prodigua point aux vainqueurs des dédains affectés. Il ne reprochait point leur naissance à des généraux ennoblis par tant de victoires. Leur bravoure obtenait son estime, leurs talents ses éloges : il leur donnait sans contrainte le nom de vaillants capitaines, parce qu'il pouvait s'avouer sans orgueil qu'il n'eût point été déplacé près d'eux. Il est possible enfin qu'il prévît le moment où le trône, rétabli parmi nous, appelant près de lui tous les genres d'illustration, aurait à la fois pour appui, et ceux qui rehaussent l'éclat du rang qu'ils ont reçu de leurs pères, et ceux qui laisseront un grand nom à leurs descendants (1).

Il est aisé de voir, du moins, en lisant les mémoires de M. le marquis de Bouillé, que les souvenirs de son pays se représentaient à chaque moment à son esprit et sous sa plume. Londres était depuis quelque temps son séjour habituel, quand les attaques d'une maladie douloureuse l'enlevèrent à sa famille (2). A ses derniers instants, il dut chercher des yeux le château de ses pères, le lieu qu'occupaient leurs cendres, la province où tout rappelait leurs faits d'armes; le ciel, le cli-

---

(1) Un jour, appuyé sur le bras de son fils aîné, traversant à pas lents et pénibles une rue de la ville de Bath, où il était venu invoquer en vain le bienfait des eaux minérales, il s'arrêta devant un marchand d'estampes dont plusieurs reproduisaient les actions ou les figures marquantes du moment : « *Tenez*, s'écria-t-il avec un accent de vivacité inattendue, *voilà enfin un homme!* en montrant le portrait du premier consul. Dix ans plus tard, par une sorte de réciprocité fortuite d'appréciation, Napoléon, au faîte de sa puissance, ayant, un jour de cercle à sa cour, apostrophé ainsi une personne connue pour avoir vécu dans l'intimité du marquis de Bouillé : « Vous avez dû entendre dire bien du mal de moi en émigration. — Du moins, Sire, répondit-on, pas par M. de Bouillé. — Ah! je le crois, reprit l'Empereur, *c'était un militaire, lui!...* (ESSAI SUR LA VIE DU MARQUIS DE BOUILLÉ, par son petit-fils, René de Bouillé).

(2) M. le marquis de Bouillé mourut à Londres, des suites d'une paralysie, à l'âge de 61 ans, le 14 novembre 1800. Ses cendres furent déposées au cimetière Saint-Pancrace, dans un tombeau modeste que lui fit élever la piété de son fils aîné, le seul de ses enfants qui se trouvât dans le moment auprès de lui.

mat, les riants paysages de cette belle France, pour laquelle il avait, comme eux, tiré l'épée et répandu son sang. Peut-être même, en descendant au tombeau sur une terre étrangère, eût-il désiré que son nom pût se mêler un jour aux cris de victoire qui, des rivages français, arrivaient jusqu'à lui.

Ces nobles et derniers vœux d'un soldat ne pouvaient être déçus. La fortune devait replacer sous les étendards de la France des hommes dignes d'honorer leur patrie par leurs sentiments et leurs actions. Sous les murs de Gaëte, au milieu des neiges de la Pologne, dans les défilés de l'Espagne, le nom de *Bouillé* fut inscrit plus d'une fois parmi ceux des guerriers dont s'honorait la patrie. Des grades, des décorations, des dignités, furent accordés à la même famille pour des services rendus, comme autrefois, sur les champs de bataille; et, de nos jours, comme aux temps les plus éloignés de nous, elle peut redire encore avec une noble fierté : *Tout par labeur !*

M. BARRIÈRE *renvoyant aux* MÉMOIRES DE M. LE MARQUIS DE BOUILLÉ *pour tout ce qui est relatif à la vie politique du Général, nous croyons devoir faire ici connaître, d'une manière succinte, l'importance du rôle qu'il fut appelé à jouer au commencement de la révolution française.*

M. de Bouillé avait été nommé, en 1787, commandant en second de la province des Trois-Évêchés (Metz, Toul et Verdun); il s'y trouvait en 1789, au moment où la révolution éclata. Malgré l'exemple trop généralement suivi à cette époque, il crut ne devoir point abandonner un poste qui, quoique ne lui offrant plus qu'une lutte pénible, lui laissait néanmoins l'espoir de pouvoir se rendre encore utile. Le commandement en chef de cette province lui fut confié bientôt après; on y joignit également celui de la Lorraine, de l'Alsace et de la

Franche-Comté. En août 1790, il fut nommé général en chef de l'une des quatre grandes armées qui formèrent alors la division des forces militaires de la France. Cette armée, sous la dénomination d'armée de Meuse, Sarre et Moselle, réunissait sous les ordres de M. de Bouillé, toutes les troupes stationnées dans les provinces de l'Est, dont la force s'élevait à plus de soixante mille hommes (A).

Au milieu du trouble et de l'agitation générale, il maintint l'ordre et la discipline autour de lui. Sous son commandement, il n'y eut pas une seule victime immolée à la révolution; en même temps qu'il comprimait les émeutes populaires par la vigueur et la modération de ses mesures, sa courageuse fermeté ne le faisait pas moins respecter des troupes.

M. de Bouillé était ainsi parvenu à arrêter les progrès de la désorganisation que les ennemis du trône cherchaient à répandre jusque dans les rangs de l'armée, lorsque les clubs de Metz réussirent cependant à exciter une révolte dans la garnison de cette ville. Les soldats, informés de ce qui s'était passé ailleurs, voulurent aussi s'emparer des caisses de leurs régiments. Les antécédents de la vie de M. le marquis de Bouillé nous dispensent d'insister ici sur les dangers qu'il courut alors. Il reçut du Roi, à cette occasion, la lettre qui suit :

« Paris, le 25 avril 1790. — Il m'a été rendu compte
« exactement, Monsieur, de vos efforts pour maintenir
« la garnison de ma ville importante de Metz et des
« succès que vos soins avaient obtenus jusqu'à ce mo-
« ment. Ce qui vient de se passer dans cette place n'a
« fait qu'augmenter la bonne opinion que j'ai de vous
« depuis longtemps, et je me plais à vous en témoigner

(A) Voir page 179 pour cette note et les suivantes.

« ma satisfaction. Continuez à me bien servir dans
« votre commandement. M. de La Tour du Pin vous
« expliquera les motifs qui pourraient faire apercevoir
« de la convenance à ce que vous vinssiez passer quel-
« ques jours à Paris; mais je m'en rapporte à vous
« pour juger du moment où vous pourriez le faire sans
« que votre absence pût causer le moindre inconvé-
« nient. « LOUIS. »

M. de Bouillé ayant appris que M. de La Fayette travaillait à lui ôter son commandement, crut à cette époque, malgré la lettre que nous venons de rapporter, devoir demander au Roi la permission de se retirer, assurant en même temps cet infortuné monarque que, si jamais il se présentait des circonstances heureuses qui lui permissent de lui donner de nouvelles preuves de son zèle pour son service et de son attachement pour sa personne, il volerait auprès d'elle, au premier ordre qu'il en recevrait. Cette lettre était moins pour le Roi que pour M. de La Fayette, à qui M. de Bouillé savait bien que ce prince la montrerait. Louis XVI ne s'y méprit pas, et peu de jours après, il écrivit de sa main à M. de Bouillé la lettre que voici :

« Paris, le 2 mai 1790. Je remarque dans votre lettre,
« Monsieur, une phrase qui me fait beaucoup de peine ;
« je ne veux pas que vous quittiez, ni ma personne ni
« mon royaume, car je sais par les services que vous
« m'avez rendus tous ceux que vous pouvez me rendre
« encore. Soyez sûr de ma reconnaissance, et c'est
« uniquement pour ménager la noblesse et la délica-
« tesse de votre caractère que je ne vous en entretiens
« pas plus longuement dans cette occasion. Je suis très
« satisfait de vos dispositions pour la journée du 4, et
« j'aime à vous voir partager les sentiments que la
« constitution nouvelle doit inspirer à tous les bons
« citoyens. « LOUIS. »

La révolte qui éclata dans la garnison de Nancy peu de mois après, fut plus sérieuse que celles qu'on avait eu à réprimer jusque là. On pilla les caisses publiques, on blessa et on emprisonna les officiers ; l'on brûla même les décrets rendus par l'Assemblée nationale, justement effrayée des suites que cette insurrection pouvait avoir. Elle s'appuyait sur la population armée, sur dix mille hommes de troupes ne reconnaissant plus la voix de leurs chefs et disposant de dix-huit pièces de canon. M. de Bouillé fut chargé de rétablir l'ordre dans cette malheureuse ville, entièrement livrée à la discrétion des insurgés et menacée de pillage à tout instant. Pour remplir cette mission, il ne put réunir qu'un faible corps de quatre mille cinq cents hommes, composé en partie de gardes nationales. Cependant, à force d'habileté, de prudence, et surtout de fermeté, il parvint, après quelques heures d'un combat meurtrier, à obliger les rebelles à faire leur soumission.

Rien ne saurait mieux prouver l'importance du service que venait de rendre M. de Bouillé, que les éloges qui lui furent donnés à cette occasion et les remercîments qu'il reçut, non-seulement du roi, mais aussi des autorités civiles et administratives de Nancy (B), et surtout de l'Assemblée nationale. Son président, en lui transmettant le décret qui lui votait des remercîments ainsi qu'à son armée, s'exprimait en ces termes :

« Paris, le 5 septembre 1790. — L'Assemblée natio-
« nale, Monsieur, a comblé d'éloges la conduite rem-
« plie de courage et de patriotisme que vous avez tenue,
« en faisant rentrer dans le devoir la garnison de Nancy
« et les autres coupables. Vos succès comme guerrier
« ne peuvent étonner l'Assemblée nationale ; mais elle
« sent quelle a dû être votre douleur d'être forcé de
« déployer vos talents contre les soldats rebelles, ac-

« coûtumés à vaincre sous vos ordres, et cette douleur,
« elle la partage. La gloire d'avoir vengé les lois et
« réprimé les séditieux qui les enfreignaient toutes, est
« au-dessus de celle d'avoir été plusieurs fois vainqueur
« des ennemis de la France. Il vous appartenait de
« réunir l'une et l'autre. L'Assemblée nationale me
« charge de vous témoigner son approbation et son es-
« time; et je m'applaudis d'être en ce moment l'inter-
« prète de ses sentiments.

« Je suis, etc. « H. JESSÉ, *président.* »

Louis XVI écrivit à M. de Bouillé :

« Saint-Cloud, le 4 septembre 1790. — J'espère,
« Monsieur, que vous me connaissez assez pour ne pas
« douter de l'extrême satisfaction que j'ai ressentie de
« votre conduite à Nancy. *Vous avez sauvé la France*
« *le 31 août,* et vous avez par là montré aux autres le
« chemin et comme ils doivent se conduire. C'est le
« comble de la bonne conduite que vous tenez depuis
« un an et à laquelle vous avez eu bien du mérite par
« toutes les tracasseries qu'on vous a suscitées. Conti-
« nuez la même route, soignez votre popularité, elle
« peut m'être bien utile et au royaume. Je la regarde
« comme l'ancre de salut, et que ce sera elle qui pourra
« servir un jour à rétablir l'ordre. J'ai été bien in-
« quiet sur les dangers auxquels vous vous exposiez,
« jusqu'à ce que j'aie reçu les nouvelles de M. de Gou-
« vernet, et je regrette bien sincèrement les braves
« gens qui ont péri dans cette affligeante, mais bien
« nécessaire affaire. Je vous prie de me marquer par-
« ticulièrement ceux dont vous avez été content. Je
« vous charge aussi de témoigner aux gardes nationales
« ainsi qu'aux officiers et soldats qui vous ont si brave-

« ment secondé, combien je suis touché de leur zèle
« et de leur fidélité. Pour vous, Monsieur, vous avez
« acquis des droits éternels à mon estime et à mon
« amitié. LOUIS.

« *P. S.* — J'ai su qu'un de vos chevaux que vous
« aimiez beaucoup a été tué sous M. de Gouvernet; je
« vous en envoie un des miens, que j'ai monté, et que
« je vous prie de garder pour l'amour de moi. »

Heureux assurément le sujet qui reçoit de son souverain une pareille lettre; mais, empressons-nous de le dire, plus heureux encore le peuple dont les destinées se trouvent confiées à un tel cœur, si méconnu pourtant!!!...

Le roi voulut aussi donner à M. de Bouillé un témoignage éclatant de sa satisfaction, en lui envoyant le bâton de maréchal de France; mais il crut devoir refuser cette récompense, qui, toute méritée qu'elle était sans doute, eût paru le prix d'un succès obtenu sur des Français (C).

M. de La Fayette jugea lui-même à propos de combler d'éloges la conduite de M. le marquis de Bouillé; le commandant de la garde parisienne lui écrivit donc :

« Vous êtes le sauveur de la chose publique, mon
« cher cousin; j'en jouis doublement, et comme ci-
« toyen et comme votre ami. J'ai partagé vos anxiétés
« sur la terrible situation où nous étions prêts à tom-
« ber, et j'ai regardé l'exécution du décret de Nancy
« comme la crise de l'ordre public; aussi a-t-on bien
« cherché à égarer le peuple sur cet évènement; je ne
« m'en étonne pas, puisqu'il déjoue les projets de trou-
« ble; mais vous avez été si scrupuleux observateur de
« toutes les règles, que la malignité n'a trouvé à mor-
« dre nulle part, et que chaque doute produit un
« éclaircissement à votre avantage. »

La popularité dont jouit à cette époque M. de Bouillé fut très grande : tous les yeux, a dit un historien contemporain, restaient attachés sur lui (D). Alors que les royalistes croyaient voir en ce général si haut placé dans l'opinion publique, le futur sauveur de la monarchie, les constitutionnels, qui appréciaient non moins son noble caractère, recherchèrent son concours pour la transformation qu'ils se disposaient à faire subir à la vieille constitution française. Quant aux républicains, ils avaient compris, qu'un jour ou l'autre, ils auraient de nouveau à compter avec la fermeté de M. de Bouillé.

Appréciant lui-même les services qu'il pouvait être d'un instant à l'autre, appelé à rendre à son pays, toute sa conduite fut marquée à dater de ce moment par une prudence sans incertitude et une mesure sans timidité qui prouvèrent que la force de son jugement n'était point inférieure à celle de son âme. Sans doute il n'était pas dans sa pensée qu'il pût retenir à lui seul le débordement d'une révolution qui, en outre de sa propre force, en acquérait chaque jour davantage par le concours des causes en apparence les plus opposées. Mais voyant tout l'édifice de la monarchie s'écrouler, il espéra en préserver la base, qui, pour sa raison comme pour son cœur, était l'existence politique et personnelle du Roi. C'est ainsi que calme, ferme et modéré au milieu de l'exagération de tous les partis, il sut se soutenir par sa propre et unique force pour se ménager l'occasion et les moyens de présenter à son malheureux roi une chance de salut.

Ainsi qu'on a pu le voir par la lettre de ce prince, Louis XVI avait, de son côté, une confiance entière en M. de Bouillé. Aussi, lorsque le royal prisonnier des Tuileries jugea le moment venu de se soustraire à l'abaissement qu'il subissait depuis trop longtemps, il réclama l'assistance du général de l'armée de l'Est. M. de Bouillé fut donc mis dans la confidence des projets du Roi, et s'engagea à donner au monarque un asile au milieu de son armée. Son plan d'évasion, très différent de celui qui fut adopté, n'ayant point obtenu l'approbation du Roi, M. de Bouillé dut s'efforcer d'atténuer les inconvénients nombreux que présentait, suivant lui, le voyage de la famille royale tel qu'il s'exécuta (E).

On sait par quelles circonstances Louis XVI fut arrêté à Varennes, malgré les minutieuses précautions que M. de Bouillé avait prises pour prévenir ce malheur. La faute ne peut donc lui en être imputée. Placé au centre de ses troupes qu'il avait échelonnées depuis Châlons, M. de Bouillé attendait à Dun-sur-Meuse l'arrivée du Roi pour le conduire à Montmédy, lorsqu'il fut informé de son arrestation. Aussitôt il rassembla les troupes qu'il avait sous la main, les dirigea sur Varennes, et s'avança, aussi rapidement qu'il lui était possible, à la tête du régiment de Royal-Allemand (cavalerie), dans l'intention d'y délivrer le Roi, à l'aide de la coopération des détachements qui devaient s'y être réunis pour son escorte. Mais déjà ceux-ci avaient abandonné la cause du Roi, qui s'était ainsi vu contraint de se laisser ramener à Paris. Tout espoir de l'atteindre devenait impossible, et lors même que l'on aurait eu une chance quelconque de surmonter les obstacles qui se multipliaient à chaque pas, cette tentative désespérée n'eût servi qu'à rendre le roi et sa famille victimes d'une multitude aveugle et forcenée.

Dans cette désolante impuissance de tout effort pour le salut de son Roi, il ne restait plus à M. de Bouillé et aux troupes qui marchaient avec lui que le parti de la retraite sur le territoire étranger, retraite dont, sous l'empire de ses regrets, il ne calculait pas les dangers, des ordres ayant déjà été expédiés à la frontière. Il parvint cependant à la franchir avec quelques officiers qui voulurent partager son sort, et arriva à Luxembourg, où, malgré la sûreté qu'il devait du moins trouver bors de France, ses jours furent encore menacés par les Jacobins, qui avaient mis sa tête à prix.

Peu de jours après le retour du Roi à Paris, cet infortuné monarque, appréciant facilement la profonde douleur de M. de Bouillé, daigna lui adresser la lettre que nous allons rapporter :

« Paris, le 3 juillet 1791. — Vous avez fait votre
« devoir, Monsieur ; cessez de vous accuser ; vous avez
« tout osé pour moi et pour ma famille et vous n'avez
« pas réussi. Dieu a permis des circonstances qui ont
« paralysé votre courage et vos mesures. Le succès
« dépendait de moi ; mais la guerre civile me fait hor-
« reur ; et je n'ai pas voulu verser le sang de mes sujets
« égarés ou fidèles. Mon sort est lié à celui de la nation,
« et je ne veux point régner par la violence. Vous,
« Monsieur, vous avez été courageux et fidèle ; j'ai
« voulu vous en exprimer ma reconnaissance, et peut-
« être un jour sera-t-il en mon pouvoir de vous don-
« ner un gage de ma satisfaction particulière (F).

« LOUIS. »

C'est de Luxembourg que M. de Bouillé écrivit à l'Assemblée nationale une lettre qu'il jugea pouvoir être utile pour sauver les jours du roi et ceux de la reine, en assumant sur lui-même toute la responsabilité de l'entreprise. Son motif généreux fut apprécié par les hommes éclairés et influents de cette assemblée, et l'effet en eût peut-être été plus favorable, si des expressions trop véhémentes, inspirées par l'impression bien naturelle d'un tel évènement sur une âme ardente, n'eussent donné lieu de tourner contre lui ses propres armes. L'Assemblée nationale décréta, le 15 juillet 1791, que M. le marquis de Bouillé et son fils aîné (G) seraient traduits devant la haute cour nationale d'Orléans (H).

Frappé de proscription dans sa patrie, M. de Bouillé n'eut plus qu'à partager la triste fortune des royalistes émigrés, emportant du moins avec lui la consolation d'avoir été le seul et dernier défenseur de la monarchie qui eût offert, par l'éclat et la persévérance de sa conduite, une chance de salut à l'infortuné Louis XVI. Si le succès manqua à ses efforts, il reçut du moins en partie la récompense de son généreux dévoûment, par l'estime et la considération qui l'accompagnèrent à l'étranger. La plupart des souverains de l'Europe lui en donnèrent de flatteurs témoignages. Plusieurs, particulièrement l'Impératrice de Russie, Catherine II, et Frédéric-Guillaume II, roi de Prusse, lui firent des offres brillantes; mais, recherché en même temps par le roi de Suède, Gustave III (J), qui était accouru du Nord pour venir aider Louis XVI de ses conseils et de son épée, M. de Bouillé crut devoir préférer le service, infiniment moins avantageux, de ce prince, l'allié le plus ancien et le plus désintéressé de la France. Il n'y fut pas moins entraîné aussi par la sympathie chevaleresque qui existait entre eux, que par l'offre que lui fit ce monarque de lui donner le commandement immédiat sous lui, d'une expédition qu'il projetait pour la délivrance de Louis XVI. La mort tragique de Gustave III fit évanouir ses projets, et dégagea M. de Bouillé de ses liens avec la Suède.

Après sa sortie de France, il s'était rendu à Coblentz près des princes frères du roi, qui l'admirent aussitôt dans leur conseil, et lui donnèrent des marques d'une haute confiance. Fidèle aux principes sévères de délicatesse qui l'avaient toujours guidé, il ne crut pas devoir attendre les ordres du roi pour remettre à Monsieur la somme de six cent soixante-dix mille francs qui lui restait du million en assignats qu'il avait reçu pour les préparatifs du voyage à Montmédy; et cet empressement à se dessaisir de ces fonds fut même désapprouvé par Louis XVI.

Il fut appelé aux conférences de Pilnitz par le roi de Prusse et l'empereur Léopold, qu'il suivit ensuite à Prague pour s'entendre sur les moyens à employer pour rendre la liberté au Roi et rétablir la monarchie sur les anciennes bases; il reçut à cet effet des pouvoirs écrits tout entiers de la main de MONSIEUR (depuis le roi Louis XVIII), et conçus dans ces termes :

« Vu l'état de captivité du ROI, mon frère, et du
« DAUPHIN, mon neveu, en vertu des droits de ma
« naissance et des pouvoirs que j'ai reçus de Sa Majesté,
« j'autorise M. le marquis DE BOUILLÉ à traiter avec
« l'empereur et le roi de Prusse des opérations dont le
« but doit être la liberté du roi et le salut de la France.
« Au château de Schounbornslust, près Coblentz, ce
« 14 avril 1791.
« LOUIS-STANISLAS XAVIER. »

L'année suivante (1792), la guerre ayant été déclarée par la France à l'Allemagne, le marquis de Bouillé fut mandé par le roi de Prusse à Magdebourg. Ce prince lui destinait le commandement d'un corps de troupes de Hesse-Darmstadt et de Mayence. Des difficultés qui survinrent pour leur solde en empêchèrent la formation, et M. de Bouillé alla se réunir à M. le prince de Condé, qui l'honora de son estime et de son amitié.

Après le mauvais succès de cette campagne, vivement alarmé du procès intenté à Louis XVI, il passa en Angleterre, d'où il espérait pouvoir rendre au roi un dernier service en adressant à M. de Malesherbes des pièces à sa décharge; mais déjà cette démarche d'un serviteur fidèle était devenue inutile, et la rage des ennemis du roi n'avait laissé aux défenseurs de ce malheureux prince que le mérite de leur courageux dévoûment.

Lorsque, quelques mois plus tard, l'Angleterre envoya des troupes sur le continent pour défendre la Hollande (K), le duc d'Yorck, qui en avait le commandement, engagea M. de

Bouillé à venir l'aider de ses conseils. Son zèle pour la cause de la monarchie, dont il espérait que cette guerre opèrerait le rétablissement, lui fit accepter cette offre, quoiqu'il prévît tous les inconvénients d'être le guide d'un jeune prince sans expérience, et qu'il ne se méprît pas sur les effets de la jalousie qu'inspire toujours dans une armée l'influence d'un général étranger, quelles que soient sa réputation et sa modestie.

Il ne tarda pas à l'éprouver; et, se lassant bientôt de donner des avis qui n'étaient pas suivis, et de n'être consulté que pour réparer des défaites, il venait de quitter l'armée anglaise, lorsqu'il reçut de Monsieur (Louis XVIII) une lettre qui l'appelait au commandement de l'armée de l'Ouest.

Ainsi qu'on va en juger, cette lettre renfermait les témoignages de confiance les plus flatteurs donnés par l'auguste personne qui l'avait écrite : elle exprimait, en outre, le vœu des Vendéens d'avoir M. de Bouillé pour chef.

« A Hamm, le 8 octobre 1793. – Le comte d'Artois
« vous envoie, Monsieur, copie de la lettre qu'il vient
« de recevoir des commandants de l'armée catholique
« et royale. Le choix du chef que ces commandants
« demandent n'était pas difficile à faire, et notre pen-
« sée s'est tout de suite portée vers vous; mais si dans
« leur lettre, ils ne se sont pas permis d'exprimer leur
« vœu sur le chef qu'ils désirent, nous n'en savons pas
« moins qu'il est conforme au nôtre à votre égard.
« Vous sentirez facilement combien il importe que nous
« en conférions ensemble ; ainsi, je vous invite à vous
« rendre ici le plus promptement possible. Il est inutile
« de vous parler du plaisir que j'ai à vous donner cette
« marque de ma confiance et à vous en voir recevoir
« une de la confiance de ces braves gens qui défendent
« avec tant de courage la cause de Dieu et du Roi.

« Vous connaissez, mon cher marquis, tous mes sen-
« timents pour vous.

« LOUIS-STANISLAS-XAVIER. »

S'unissant à son frère, M. le comte d'Artois écrivait le même jour à M. de Bouillé, en lui communiquant le texte de la demande des Vendéens :

« Le champ de l'honneur s'ouvre enfin pour nous,
« Monsieur, et vous jugerez tout ce que j'éprouve par
« la lettre dont je vous envoie copie. Les vrais roya-
« listes me désirent, me demandent pour chef; il est
« bien cruel pour moi que les circonstances m'empê-
« chent encore de voler à leur tête Mais le régent
« pense, ainsi que moi, que nous remplirons, autant
« que possible, le vœu de ces braves gens en vous
« choisissant pour me précéder. Vos talents inspirent
« une confiance générale, et j'ai la certitude que vous
« seriez nommé dans la lettre que j'ai reçue, si les
« chefs de l'armée avaient osé préjuger notre choix.
« Je n'entrerai ici dans aucuns détails. Une instruction
« par écrit serait insuffisante. Ne perdez donc pas un
« moment pour vous rendre à Hamm. Vous appren-
« drez tout ce qui concerne cette armée déjà célèbre.
« Vous connaîtrez ses besoins, ses ressources et les
« moyens que nous mettrons à votre disposition.
« Croyez, Monsieur, que je saisis avec empresse-
« ment cette occasion de vous donner cette marque
« de ma confiance et de vous exprimer tous mes sen-
« timents d'amitié pour vous.

« CHARLES-PHILIPPE. »

Cependant, quelle que fût l'importance du commandement qui lui était offert, M. de Bouillé crut devoir prier Monsieur de le dispenser de l'accepter, tant à cause de l'altération de sa santé, que dans la crainte de ne pouvoir à lui seul, et sans la présence du prince que les Vendéens appelaient en même temps, obtenir la prépondérance nécessaire pour diriger les efforts de ces généreux royalistes, et surtout pour étouffer les divisions qui éclataient déjà parmi eux.

Dès lors il se fixa en Angleterre. Le gouvernement le consulta souvent relativement aux colonies des Indes occidentales, et l'influence de ses avis contribua puissamment à les soustraire aux horreurs de l'anarchie dont Saint-Domingue avait donné l'exemple et continuait à être le théâtre.

Consumé par l'impression profonde qu'avait faite sur lui les malheurs et la mort de Louis XVI, et par le sentiment de tant d'adversité qui agirent sur lui, en raison de l'ardeur de son âme, il n'eut plus qu'une existence languissante dont il ne pouvait que trop envisager le terme comme prochain.

Les dernières années de sa vie furent employées à la rédaction de ses *Mémoires sur la Révolution française*, qu'il composa surtout dans l'intention de repousser et de détruire, autant qu'il est possible dans les temps de trouble, l'effet des calomnies ou des faux jugements que l'esprit de parti ainsi que des intérêts personnels avaient élevés contre lui. En y retraçant, avec autant de modestie que d'intérêt, plusieurs des plus grandes circonstances de sa vie, il répand en même temps une vive clarté sur les derniers moments de la monarchie.

M. de Bouillé s'est peint lui-même. Dans ce livre, pure inspiration de son cœur, est toute sa conduite, toute sa pensée, son âme toute entière. Il survécut peu à la publication de cette sorte de testament politique.

Le marquis de Bouillé était d'une taille assez élevée et de l'extérieur le plus distingué; sa physionomie, comme ses manières, exprimaient la noblesse ainsi que la franchise de son caractère; et il avait dans toute sa personne quelque chose d'attrayant et d'imposant tout à la fois qui marquait l'homme supérieur.

Le zèle pour le bien public et l'amour de la gloire furent les seuls mobiles, en quelque sorte les éléments de sa vie; l'honneur en fut toujours le guide.

Informé de sa mort par une communication de son fils aîné, Louis XVIII adressa la réponse suivante au comte Louis de Bouillé :

« A Mittau, le 19 décembre 1800. — J'ai reçu,
« Monsieur, votre lettre du 17 novembre avec la peine
« la plus réelle, et je sens bien vivement la très grande
« perte que nous venons, l'un et l'autre, de faire dans
« la personne de Monsieur votre père. Mes regrets se-
« raient peut-être moindres, si nos malheurs déjà finis
« m'avaient permis de reconnaître ses services, comme
« je l'aurais désiré ; il me reste du moins l'espoir de
« m'acquitter un jour envers sa famille, dans laquelle
« je sais distinguer un fils qui marche si bien sur ses
« traces.

« Un événement bien funeste, qui ne serait pas ar-
« rivé, si les avis du MARQUIS DE BOUILLÉ eussent pré-
« valu et que tous ses efforts ne purent réparer, causa
« sa prompte sortie de France. Ainsi, je ne suis pas
« surpris que son collier de l'ordre du Saint-Esprit ne
« fût plus entre ses mains.

« Soyez, Monsieur, dans cette triste circonstance,
« l'interprète de mes sentiments auprès de Madame
« votre mère, et ne doutez jamais de tous ceux que
« j'ai pour vous.

« LOUIS. »

NOTES.

A

Elle se composait de quatre-vingt-dix bataillons, de cent quatre escadrons, sans comprendre l'artillerie et le génie.

B

Sur les lieux mêmes, dès le 30 septembre, la proclamation suivante avait été adressée : « *Aux bons citoyens!* le conseil général de la commune de Nancy croirait manquer au plus cher, au plus essentiel de ses devoirs envers les restaurateurs de la tranquillité de la ville, s'il ne s'empressait d'annoncer aux bons citoyens que c'est aux soins, au zèle infatigable de M. DE BOUILLÉ, officier général, chargé de l'exécution du décret de l'Assemblée nationale, du seize du mois dernier, que Nancy est redevable de la paix dont il jouit aujourd'hui, d'après les précautions les plus sages de ce général. Toujours pénétré de l'amour du bien public, il a su dans l'exécution des ordres, distinguer les bons citoyens d'avec les rebelles, contre lesquels le maintien du bon ordre l'a contraint d'employer les forces qui lui étaient confiées. La cité mise sous sa protection spéciale, il a assuré les personnes et les propriétés..... »

Deux jours après, le Directoire du département de la Meurthe s'exprimait ainsi dans une adresse :

Aux citoyens soldats et aux soldats citoyens de l'armée libératrice DE BOUILLÉ ! « Quand de vaillants défenseurs de la liberté viennent de rétablir, au prix de leur sang, la paix dans nos murs, qu'ils viennent d'en bannir la licence de soldats furieux et menaçant les vrais amis de la Constitution, le Directoire ne doit-il pas s'empresser, au nom de la patrie, d'exprimer à ces citoyens les transports de sa reconnaissance ? Braves et généreux guerriers, acceptez-en l'hommage éclatant. Pourquoi faut-il que les ennemis publics que vous avez eu à poursuivre aient été nos frères et nos concitoyens; que votre sang ait été versé pour répandre celui des rebelles à la loi, qui n'avaient pu y être ramenés par nos fréquentes exhortations? Votre exemple et votre courage nous ont ôté pour jamais de pareils crimes à punir : cette valeur que vous avez montrée pour refréner l'audace des coupables armés, cette modération après la victoire, cette tranquillité après avoir réduit et dissipé les auteurs du désordre, ces bras tendus vers nos bons citoyens, en vous annonçant leurs amis et leurs protecteurs, en leur disant qu'ils pouvaient enfin respirer en paix dans leur domicile, que sans vous ils eussent abandonné; tout ajoute à notre admiration et à notre amour..... *Immortel Bouillé!* chef heureux d'une troupe aguerrie et fidèle, vous ajouterez à vos bienfaits, en empêchant nos bons voisins, nos frères, de se méprendre sur les sentiments de notre malheureuse cité. Vous leur direz combien nous frémissons encore des crimes de ces traîtres; vous leur direz que des brigands qui avaient forcé notre arsenal et notre magasin à poudre, étaient venus en foule se joindre aux compagnies de la garde nationale, pour empêcher les efforts de son zèle; que les bons citoyens, réduits à l'impuissance d'agir, ont été obligés de céder la place à ces assassins qui, n'osant se montrer en présence de si braves guerriers, ont été, pour les frapper, se cacher dans les ténèbres..... »

Et pourtant le général ainsi célébré, ainsi invoqué par les autorités publiques récemment constituées sous l'empire d'institutions nouvelles, allait se trouver en butte à la rage et aux invectives furibondes des révolutionnaires dépités. Ceux-ci, dans leur langage infâme qui eût voulu être flétrissant, allaient le désigner par le surnom inique de *Boucher de Nancy*. — (*Essai sur la vie du marquis de Bouillé*, par son petit-fils, RENÉ DE BOUILLÉ

C

L'exemple de cette noble et patriotique abnégation, resté présent à des cœurs élevés, et solennellement invoqué au bout de soixante ans, était destiné à recevoir, du haut de la tribune nationale, en temps de république, une nouvelle et précieuse consécration. A la séance de l'Assemblée nationale législative, du 28 janvier 1850, dans la discussion du projet de loi relatif à la garde mobile, qui s'était signalée par sa fidélité à la cause de l'ordre et par son courage, lors des déplorables journées de juin 1848, M. le général Fabvier prit la parole et résuma ainsi son opinion :

« Messieurs, les récompenses pour du sang versé par des mains
« françaises, elles sont tristes à recevoir, croyez-moi ; et rappelez-
« vous qu'au commencement de la Révolution française une insur-
« rection formidable s'éleva à Nancy. M. DE BOUILLÉ, lieutenant-
« général, fut chargé de la réprimer. — La lutte fut cruelle et
« sanglante ; la loi triompha néanmoins. L'Assemblée nationale et
« le roi nommèrent le lieutenant-général DE BOUILLÉ maréchal de
« France. Il refusa. Je suis assez malheureux, dit-il, d'avoir versé
« le sang français pour le triomphe des lois ; je ne veux pas qu'une
« faveur que vous m'accorderiez me le rappelle chaque jour. Mes-
« sieurs, je ne crois pas que ces sentiments si nobles, exprimés par
« un des anciens serviteurs de la monarchie, ne conviennent pas
« parfaitement aux citoyens de toutes les classes que nous avons
« parmi nous, ne conviennent pas parfaitement aux enfants de la
« garde mobile. » — *Moniteur universel* du mardi 29 janvier 1850.
(*Essai sur la vie du marquis de Bouillé*, par son petit-fils, RENÉ DE BOUILLÉ).

D

CH. LACRETELLE, *Histoire de France pendant le XVIII*e *siècle*, tome VIII, livre 6.

E

On lit dans le *Mémoire sur l'affaire de Varennes*, publié par le comte Louis, depuis marquis de Bouillé, qui, à la demande du roi et de la reine, s'était rendu de Metz à Paris, pour régler avec eux, par l'intermédiaire du comte de Fersen, tous les détails de leur voyage :

« Le voyage et la route de Leurs Majestés étaient aussi deux objets fort épineux : nous les discutâmes également, et je proposai que, pour diminuer le danger, on le partageât en faisant voyager la reine avec Monsieur le Dauphin, séparément du roi, ce qui avait le double avantage de procurer des moyens plus lestes et moins suspects de les transporter et de ne pas réunir sur le même point tous les intérêts. Mais cette proposition ne fut point agréée, et elle fut particulièrement rejetée par la reine. Cette princesse fortifiait les autres motifs de son refus par la résolution très-noble et très-courageuse de partager constamment les dangers et le sort du roi, et me fit faire cette réponse assez remarquable, *que si nous voulions les sauver, il fallait que ce fût tous ensemble ou point du tout*. Jugeant cette détermination invariable, je n'insistai que trop faiblement pour la changer, et mon père eut peut-être encore plus de tort de ne pas la combattre et la rejeter même tout-à-fait.

Le Roi exigeait aussi que des détachements fussent échelonnés sur la route qu'il devait prendre. Opposé à cette mesure, M. le marquis de Bouillé objectait avec justesse que les détachements, s'ils étaient faibles, ne pourraient lui être utiles; et s'ils étaient forts, exciteraient l'inquiétude publique et deviendraient dangereux. Il céda cependant sur ce point, comme il l'avait fait sur celui du voyage en commun de la famille royale, et comme il fit devant la répugnance de Louis XVI à prendre la route de Reims, quelque préférable qu'elle fût à tous égards. Le pays étant pauvre et presque désert, nécessitait par cela même moins de précautions, et le régiment de Royal-allemand, resté le meilleur de l'armée, tenant garnison à Stenay, pouvait être chargé à lui seul de l'escorte du roi, depuis Isle ou Rethel. Après avoir formellement promis de donner une place dans sa voiture à quelqu'un qui pût parler aux postes et se montrer, précaution absolument nécessaire pour que dans aucun cas le roi ne se fît voir, cet infortuné prince qui n'en jugeait pas assez toute l'importance, cédant à une question d'étiquette, remplaça M. le marquis d'Agoult, major des gardes du corps, homme de tête et de courage et que M. de Bouillé avait désigné au choix du roi, par Madame de Tourzel, gouvernante des enfants de France. On sait enfin que, tout-à-fait au dernier moment, Louis XVI différa son départ de vingt-quatre heures, et il est facile d'apprécier quelles durent être, par rapport aux ordres donnés sur toute la route, les conséquences d'un semblable retard. »

F

On lit dans la *Relation du départ de Louis XVI*, par le duc de Choiseul (édition Berville et Barrière, page 53) :

« Le projet du roi était de donner, en arrivant à Montmédy, le bâton de maréchal de France à *M. de Bouillé;* mais on ne pouvait, sous aucun prétexte, en demander un au ministre de la guerre. Je proposai au roi de lui prêter celui du feu maréchal de Stainville, mon beau-père. Le roi approuva mon idée, et je le portai avec moi. »

Ainsi, deux fois en moins d'un an, la plus haute dignité militaire dut donc récompenser les services du marquis de Bouillé.

G

Le comte Louis de Bouillé, devenu marquis de Bouillé, lieutenant général.

H

On lit à ce sujet dans les *Mémoires de M. le marquis de Bouillé* (édition de **1821**, chapitre XI, page **257**) :

« Je reçus en même temps une lettre de Monsieur le vicomte de Beauharnais *(grand-père de l'Empereur Napoléon III)*. Elle n'était point signée ; mais je suis assuré qu'elle avait été écrite par ce membre de l'Assemblée qui la présidait lors de l'arrestation du roi, et qui a commandé en 1793 l'armée française sur le Haut-Rhin contre le duc de Brunswick. Il avait été mon aide-de-camp depuis 1782, lorsque je commandais aux îles, jusqu'en 1788. Il m'était fort attaché. J'avais conçu beaucoup d'amitié et d'estime pour lui ; mais la différence d'opinions pendant la révolution nous avait éloignés l'un de l'autre, sans cependant affaiblir nos sentiments réciproques. Cette lettre, que je crois devoir rapporter, démontre qu'il ne s'était pas mépris sur les véritables motifs de celle que j'avais écrite à l'Assemblée ; et en justifiant ma conduite à cet égard, elle donne des détails très intéressants et elle fait connaître l'opinion des principaux membres de l'Assemblée constituante lorsqu'elle fut écrite. » (*Suit la lettre*).

M. le vicomte de Beauharnais périt sur l'échafaud quatre jours avant le 9 thermidor. Il avait courageusement refusé de s'associer aux fureurs de l'anarchie, en acceptant le ministère de la guerre après le 31 mai. Ce fut là son crime, et tandis qu'il battait les Prussiens aux environs de Landau, on demandait sa tête à la Convention.

Ce monarque écrivit à M. de Bouillé :

« J'ai trouvé votre lettre à l'Assemblée nationale remplie de ces sentiments d'attachement pour votre souverain et d'horreur pour l'anarchie, qui sont dignes d'un guerrier tel que vous. La fortune est aveugle dans les commotions civiles comme à la guerre ; mais les principes de fidélité et d'honneur sont immuables, et la réputation y est attachée plus qu'aux succès. La vôtre, depuis longtemps si bien établie comme militaire, vient de l'être encore plus par votre constance et votre inviolable attachement pour votre souverain vertueux et infortuné ; recevez-en mes compliments. Il n'en est pas un en Europe qui ne mette un grand prix à acquérir au nombre de leurs sujets et de voir à la tête de leurs armées un homme comme vous. Peut-être le plus ancien et le plus fidèle allié de votre patrie pourrait-il y avoir un droit préférable aux autres, d'autant plus que vous ne quitterez pas le service de votre véritable patrie en entrant au sien. Mais dans quelque état que vous soyez, vous devez toujours être certain de mon estime et de l'intérêt que je prendrai toujours à vous. C'est avec ces sentiments que je prie Dieu qu'il vous ait, Monsieur le marquis DE BOUILLÉ, dans sa sainte et digne garde.

« Votre très affectionné, GUSTAVE.

« Aix-la-Chapelle, le 3 juillet 1791. »

« J'ai lu, lui mandait à la même époque le roi de Prusse, la lettre que vous avez adressée à l'Assemblée nationale, avec un vif intérêt, égal à celui que je porte à la situation du roi, votre maître. Je ne saurais assez louer le zèle que vous venez de lui témoigner. Il vous aurait seul attiré toute mon estime, si elle ne vous eût déjà été acquise à tant d'autres titres; et c'est avec une vive peine que j'ai vu que vos soins patriotiques n'ont pas eu le succès désiré. J'ignore quelles sont vos vues dans ce moment-ci; mais si vous voulez venir ici, vous y serez reçu en ami, vous et vos fils. Je vous donnerai en tous temps des preuves de ma considération et de ma parfaite estime, priant Dieu qu'il vous ait, Monsieur le marquis DE BOUILLÉ, en sa sainte et digne garde.

« Charlottenbourg, le 12 juillet 1791.

« FR. GUILLAUME. »

K

Durant l'hiver de 1793, le Brabant hollandais avait été envahi par l'armée de Dumouriez, qui menaçait même de passer le Waahl. Le gouvernement des Provinces-Unies s'était aussitôt occupé de rassembler des forces; mais il n'avait à sa disposition personne qui fût en état de les diriger et qui connût la guerre. Il désira en donner le commandement à un général étranger expérimenté, et il porta les yeux sur M. de Bouillé, en soumettant ce choix au roi de Prusse et au duc de Brunswick. Une lettre du dernier à la princesse d'Orange témoigne de l'opinion commune à cet égard de Frédéric-Guillaume et du généralissime. Elle était ainsi conçue :

« Gunsterblum, ce 20 avril 1793. — Votre Altesse Royale m'a ordonné de lui dire, l'autre jour, mon opinion sur un officier général que j'ai eu occasion de connaître à l'armée alliée durant la guerre de sept ans ; cela m'engage à lui parler avec la confiance la plus respectueuse d'un militaire du premier ordre, dont la république pourrait faire l'acquisition dans ce moment-ci, et qui unit à une réputation très distinguée beaucoup de modestie et de sagesse. C'est M. le marquis de Bouillé, lieutenant général, et qui, pour avoir voulu sauver son souverain légitime, s'est vu forcé à abandonner la majeure partie de sa fortune. L'Europe le range dans la classe des premiers militaires de notre temps ; et sans aucune partialité personnelle, je le considèrerais comme une acquisition très essentielle pour toute puissance qui se l'attacherait. Sa Majesté le Roi sait que j'ai l'honneur d'écrire à ce sujet à Votre Altesse Royale, et rend parfaite justice aux talents distingués du marquis de Bouillé.

« Daignez agréer, etc.

« CHARLES G.-F., DUC DE BRUNSWICK. «

(*Essai sur la vie du Marquis de Bouillé*, par son petit-fils, RENÉ DE BOUILLÉ).

LA MARSEILLAISE

Lorsqu'en 1793, Rouget de Lisle composa son hymne révolutionnaire, devenue depuis si tristement célèbre, il ne se trouva sous sa plume qu'un seul nom à signaler à la haine des démagogues de tous les siècles, celui du général dont les efforts constants avaient tendu à préserver son pays de ces déchirements convulsifs au milieu desquels s'écroula le trône; mais surtout de ce grand crime dont la mémoire se transmettra aux générations les plus éloignées, par une simple date, LE 21 JANVIER!...

I

Allons, enfants de la patrie,
Le jour de gloire est arrivé;
Contre nous de la tyrannie
L'étendard sanglant est levé.
Entendez-vous, dans les campagnes,
Mugir ces féroces soldats?
Ils viennent jusque dans vos bras
Egorger vos fils, vos compagnes.

Aux armes, citoyens! formez vos bataillons,
Marchons, qu'un sang impur abreuve nos sillons!

II

Que veut cette horde d'esclaves,
De traîtres, de rois conjurés?
Pour qui ces ignobles entraves,
Ces fers dès longtemps préparés?

Français, pour nous, ah! quel outrage!
Quels transports il doit exciter!
C'est nous qu'on ose méditer
De rendre à l'antique esclavage!
Aux armes! etc.

III

Quoi! des cohortes étrangères
Feraient la loi dans nos foyers!
Quoi! ces phalanges mercenaires
Terrasseraient nos fiers guerriers!
Grand Dieu! par des mains enchaînées,
Nos fronts sous le joug se ploiraient!
De vils despotes deviendraient
Les maîtres de nos destinées!
Aux armes! etc.

IV

Tremblez, tyrans, et vous, perfides,
L'opprobre de tous les partis!
Tremblez! vos projets parricides
Vont enfin recevoir leur prix!
Tout est soldat pour vous combattre;
S'ils tombent, nos jeunes héros,
La terre en produit de nouveaux,
Contre vous tout prêts à se battre!
Aux armes! etc.

V

Français, en guerriers magnanimes,
Portez ou retenez vos coups;
Epargnez ces tristes victimes
A regret s'armant contre nous :

Mais ce despote sanguinaire,
Mais les complices *de Bouillé*,
Tous ces tigres qui, sans pitié,
Déchirent le sein de leur mère!
Aux armes! etc.

VI

Amour sacré de la patrie,
Conduis, soutiens nos bras vengeurs;
Liberté, liberté chérie,
Combats avec tes défenseurs :
Sous nos drapeaux que la victoire
Accoure à tes mâles accents;
Que tes ennemis expirants
Voient ton triomphe et notre gloire!
Aux armes! etc.

VII

Nous entrerons dans la carrière
Quand nos aînés n'y seront plus;
Nous y trouverons leur poussière
Et la trace de leurs vertus!
Bien moins jaloux de leur survivre
Que de partager leur cercueil,
Nous aurons le sublime orgueil
De les venger ou de les suivre!
Aux armes! etc.

NOTICE SUR LA VIE

DU

MARQUIS DE BOUILLÉ

(LOUIS-JOSEPH-AMOUR)

LIEUTENANT-GÉNÉRAL.

Né le 1ᵉʳ mai 1769, doué des plus séduisants avantages extérieurs ainsi que de très éminentes qualités de l'esprit et de l'âme, Louis-Joseph-Amour de Bouillé fit d'abord au collége de Navarre de solides études qu'il compléta, pendant deux années, à l'Académie des gentilshommes de Berlin, où le grand Frédéric l'avait admis, quoique étranger. La constante et honorable bienveillance du célèbre prince Henri de Prusse lui rendit encore plus profitable son séjour dans un établissement qui passait alors pour la meilleure école de l'art militaire, auquel le jeune Bouillé était naturellement destiné. Le passé de sa famille et l'illustration présente de son père éveillaient en lui non la vanité, mais l'émulation; et tous ses sentiments, tous ses goûts l'entraînaient invariablement à l'ardente poursuite de la gloire.

Entré au service peu avant l'explosion des troubles révolutionnaires, il eut bientôt l'occasion de signaler son courage au combat de Nancy, où, à la tête d'un détachement de Royal-Normandie, il délivra des mains des troupes mutinées les généraux de Malseigne et de Noue. Le soir de cette terrible journée, les grenadiers, pour récompense, dirent de lui, avec une justice simple et flatteuse : *Il est brave comme son père.* A Metz, malgré la défection de ses soldats, mais grâce à son intelligent sang-froid, il réussit, au péril de sa vie, à arracher l'intendant de la province, M. de Pont, à la fureur d'une émeute populaire.

Lorsque Louis XVI eut résolu de quitter Paris et de se retirer auprès d'une armée, surtout près d'un général énergique et fidèle, le comte Louis de Bouillé dut à la maturité de son esprit et de son caractère la mission délicate de convenir avec la cour des mesures à prendre pour assurer cet important départ ; et, revenu à Metz, il fut chargé de diriger la correspondance en chiffres qui s'établit dans le même but entre son père et le roi. Après la catastrophe de Varennes, MM. de Bouillé, décrétés d'accusation et cités devant la haute cour nationale, s'étaient vus forcés d'émigrer ; et le comte Louis, passé d'abord en Suède, s'y trouvait en qualité d'aide de camp de Gustave III au moment où ce monarque remarquable fut assassiné par Ankarstroem.

A l'armée de Condé, puis en Belgique et en Hollande, comme colonel propriétaire des Hullans britanniques qu'il avait levés et formés, M. de Bouillé, de 1792 à 1796, combattit avec renommée, répandit deux fois son sang pour la cause à laquelle il était voué, et ne crut pas méconnaître sa patrie en se montrant adversaire courageux du régime qui la tyrannisait. Dans les loisirs que lui procura ensuite l'interruption d'une existence d'exil ou de guerre, il utilisa par divers travaux l'élan de son esprit, les ressources acquises pendant et après son éducation, et il publia une *Vie privée, politique et militaire du prince Henri de Prusse,* son ancien protecteur, son ami, avec lequel il n'avait cessé de correspondre intimement. Cet ouvrage offre une lecture instructive et attachante aux guerriers épris de leur art, aux amis de l'histoire grande et vraie, à tous ceux enfin qui jugent avantageux non-seulement de suivre avec attention les hommes illustres sur le théâtre de leurs exploits, mais de pénétrer dans le cercle de leurs communications familières, d'étudier l'enchaînement de leurs philosophiques pensées.

Bientôt une nouvelle ère d'ordre et de gloire permit à M. DE BOUILLÉ de rentrer, sous les drapeaux de son pays, dans la carrière de ses pères et de ses préférences. Il assista avec distinction et mérita la croix de la Légion d'Honneur au siége de Gaëte, en 1806. Il se signala en 1807 dans la campagne de Silésie, particulièrement à l'affaire de Kœnigswalda; puis, à la tête d'une avant-garde de chevau-légers bavarois, en mettant en déroute un corps de deux mille Prussiens, commandés par le prince d'Anhalt-Pless, auquel il enleva trois pièces de canon, et en décidant la reddition de la place de Schweidnitz que ces troupes allaient secourir. Passé en Espagne comme colonel en 1808, il défendit avec résolution et habileté un pont sur la Guadiana, et contribua puissamment, le 27 mars 1809, au gain de la bataille de Ciudad Real. A celle d'Almonacid, le 11 août suivant, sa belle conduite lui valut l'honneur d'être cité, dans le rapport du général en chef, comme ayant « rendu d'éminents services dans cette journée « et soutenu la réputation de valeur et de capacité qu'il s'était « acquise dans l'armée. »

Elevé au grade d'officier général en 1810, M. DE BOUILLÉ remplit d'abord les fonctions de chef d'état-major du quatrième corps; puis il prit le commandement d'une brigade de dragons et ensuite celui du corps d'observation de l'armée du Midi, sur les frontières des provinces de Grenade et de Murcie. Le 19 avril 1812, avec des forces très inférieures, il battit complétement, près de Baza, cinq mille Espagnols commandés par le général Freyre; et après avoir su pendant plusieurs jours contenir, avec deux mille hommes, plus de dix mille Espagnols et Anglais, il fit essuyer au même général, alors à la tête de six mille combattants, sur le Rio-Almanzora, une nouvelle défaite qui coûta au-delà de douze cents hommes à l'ennemi, préserva Grenade et détermina le mouvement rétrograde de tous les autres corps espagnols.

Tels étaient les succès du général Bouillé, lorsque, par l'effet funeste des fatigues de la guerre et de l'ardeur dévorante du climat, une cécité complète vint l'arrêter subitement, à l'âge de quarante-trois ans, et transformer sa glorieuse activité, sa perspective brillante, en retraite prématurée et pourtant définitive. Son âme fut profondément attristée, et non pas abattue par un coup aussi violent. A cette immense affliction il opposa une force exemplaire et inébranlable. Privé des moyens d'agir, il reporta vers ses facultés méditatives tout l'essor de son esprit fertile; et ne pouvant plus écrire lui-même, il contracta l'habitude de dicter. Il se fit une ressource, bien plus toutefois qu'une consolation, des lumières de son intelligence, des trésors de sa vaste instruction, de son admirable mémoire et de son expérience si variée.

Des longs travaux qui l'occupèrent dans sa douloureuse infirmité, plusieurs restent inédits et composent un intéressant portefeuille; mais le marquis DE BOUILLÉ fit connaître au public (1823) un *Mémoire*, riche de détails nouveaux et précis, *sur le départ de Louis XVI;* et plus tard (1827) des *Commentaires sur le Traité du Prince de Machiavel, et sur l'Anti-Machiavel de Frédéric II,* œuvre remarquable par la portée des vues politiques, par la franche et équitable indépendance de ses jugements, par l'étendue du savoir et par l'élévation, la concision, la pureté du style. Dès 1826, il avait également livré à l'impression le petit et substantiel volume de ses *Pensées et Réflexions*, presque toujours frappantes de justesse, surtout ingénieuses, délicates, piquantes, souvent empreintes d'un cachet net et profond.

Ce recueil dut, comme de raison, beaucoup s'accroître avec le temps; et l'auteur, au moment où la mort était près de l'atteindre, en préparait une nouvelle édition. Elle fut mise presqu'immédiatement au jour, pour rendre hommage aux désirs de M. de Bouillé, et pour reproduire en quelque sorte aux yeux de ceux qui l'avaient connu, qui le regrettaient, les nuances saillantes et diverses de sa nature, caractérisée par un visage régulier et imposant, par une démarche digne et assurée en dépit de l'âge et de la cécité, par une physionomie quelquefois mélancolique, habituellement animée, on pourrait presque dire jeune, toujours supérieure, où se reflétait l'homme éprouvé par les grandes vicissitudes de la fortune et par les rigueurs de la destinée personnelle; l'homme pénétré des sentiments et des traditions d'une autre époque, l'homme, enfin, doué de facultés d'action appropriées à la période la plus glorieuse de nos annales contemporaines. Le style du livre révèle d'ailleurs clairement cette exquise distinction de langage et de manières, cette *philosophie pratique*, cette verve communicative et cette trempe vigoureuse qui signalaient à un si éminent degré M. de Bouillé!

R. B.

LETTRE

DE MONSIEUR (DEPUIS LOUIS XVIII),

ALORS RÉGENT DE FRANCE,

au

COMTE LOUIS DE BOUILLÉ.

—

« *Vérone, ce 15 Juin* 1794.

« Je n'ai reçu qu'avant-hier, Monsieur, votre lettre du 10 mai. Je vous remercie de l'état de situation que vous m'avez envoyé, et j'espère avec vous que votre régiment sera augmenté. Il est en de trop bonnes mains pour que je ne le désire pas sincèrement. Je suis on ne peut plus touché de ce que vous me dites au sujet de votre blessure ; j'espère qu'elle n'aura pas de suites fâcheuses, et même que cette lettre, que pour plus de sûreté je vous adresse à Bruxelles, ne vous y trouvera plus.

« Soyez bien persuadé, Monsieur, de tous mes sentiments pour vous.

« LOUIS-STANISLAS-XAVIER. »

nouveau rejoindre ses parents dans les colonies. C'était en 1792, c'est-à-dire au moment où tombait la monarchie pour faire place à l'anarchie révolutionnaire et à toutes les calamités qu'elle attira sur la France... Le colonel de Bouillé était déjà depuis quelques mois à la Martinique où l'avaient appelé des affaires, qu'il espérait terminer promptement. Mais la révolution avait traversé les mers, et cette colonie ne lui avait point échappé. Elle était en pleine insurrection et menacée de subir le sort de Saint-Domingue, livré aux mains sanguinaires des noirs révoltés. La Martinique avait alors pour gouverneur le vicomte de Damas, qui trouva dans le courage et les talents du comte de Bouillé un concours énergique et dévoué. Ces deux hommes de résolution et de fidélité firent pendant quelque temps encore respecter le nom et l'autorité du roi, et peut-être fussent-ils parvenus à garantir la colonie des entreprises révolutionnaires, si le comte de Bouillé n'eût tout-à-coup succombé à une violente fièvre, qui était le résultat de ses fatigues morales et physiques et du peu de souci qu'il avait de sa vie en ces périls de la chose publique.

Qu'on juge de la douleur profonde du jeune Bouillé quand, à son arrivée à la colonie, il apprit l'affreux malheur qui venait de le frapper; en débarquant il croyait embrasser un père bien-aimé, et ce fut alors seulement qu'il apprit sa mort. Les circonstances ajoutaient encore à l'étendue de cette perte. Le comte de Bouillé était un grand appui pour les siens, et surtout pour son fils encore enfant par l'âge, quoique déjà mûri par le malheur. Celui-ci dut donc quitter la Martinique, où venait d'éclater d'ailleurs un mouvement révolutionnaire pareil à celui qui bouleversait toutes les colonies françaises. Les principaux habitants se hâtaient de fuir, et l'île était tombée au pouvoir du parti révolutionnaire.

Les émigrants se rendirent à La Dominique, colonie anglaise. Le jeune Bouillé les y suivit avec sa mère et une sœur en bas âge. Le malheur semblait l'y appeler, car il y trouva toutes les souffrances. La misère y était profonde ; la fièvre jaune y sévissait cruellement ; elle atteignit une multitude de ses compatriotes auxquels, grâce à sa connaissance de la langue anglaise, il servait d'interprète auprès des médecins qui n'entendaient pas le français. Le fléau vint l'atteindre non-seulement lui-même, mais encore dans ses affections les plus chères. A quelques jours d'intervalle, il perdit sa sœur et sa mère. A quatorze ans, il était orphelin, dans une île lointaine, et au milieu de tous les maux qu'apportent avec elles la famine et la maladie. Un oncle maternel le recueille, et sur la recommandation du marquis de Bouillé, alors retiré à Londres, l'amiral John Jerwis, commandant en chef des forces anglaises, et sir Charles Grey, général en chef des troupes de terre, lui proposent de l'admettre au service d'Angleterre, dans les armées de terre ou de mer, à son choix.

Le général Thomas Dundas lui ayant proposé de le prendre pour aide de camp, il accepte ce poste. C'est en cette qualité qu'il assista à la prise de Sainte-Lucie, de La Guadeloupe et de La Martinique. Là, comme au siége du fort Bourbon, occupé par les révolutionnaires français, qui eut lieu quelque temps après, M. de Bouillé se distingua par son courage. Il fixa l'attention du duc de Kent, père de la reine Victoria, qui lui donna des témoignages du plus affectueux intérêt, et avec lequel il établit plus tard une correspondance que constatent ses papiers intimes.

Il en coûtait beaucoup au cœur de M. de Bouillé d'être forcé de servir sous des drapeaux contre lesquels ses aïeux avaient tant combattu, contre lesquels il eût été si heureux à son tour de combattre. Mais en ces jours de bouleversement, proscrit et bien loin de sa patrie, ce ne fut pas contre celle-ci

NOTICE SUR LA VIE

DU

COMTE DE BOUILLÉ

(FRANÇOIS-MARIE-MICHEL)

CHEVALIER DES ORDRES DU ROI,
PAIR DE FRANCE,
MARÉCHAL DE CAMP, AIDE DE CAMP DU ROI CHARLES X,
GOUVERNEUR DE S. A. R. MONSEIGNEUR LE DUC DE BORDEAUX
DE 1834 A 1838,
GOUVERNEUR DE LA MARTINIQUE DE 1825 A 1828.

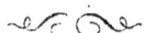

François-Marie-Michel, Comte de Bouillé, naquit le 13 janvier 1779 à la Martinique, où le comte de Bouillé, son père, servait, avec le grade de colonel, sous les ordres du marquis de Bouillé, son cousin, gouverneur général des Antilles. Le jeune Bouillé vint de bonne heure habiter Paris avec sa famille : il y commença ses études. Lorsqu'éclata la révolution de 89, il n'avait que dix ans, et déjà il s'était signalé au collége de Navarre en y remportant les premiers prix. Ses succès classiques furent interrompus par la perturbation qui suivit la prise de la Bastille. Le colonel de Bouillé, partant pour aller rejoindre son régiment à Dunkerque, emmena son fils avec lui, et l'enrôla parmi ses soldats comme grenadier ; c'était une faveur particulière dont jouissaient les fils de colonel. Le grenadier se prit au sérieux ; il fit son service, revêtu de son uniforme et avec tout le zèle d'un bon soldat. Ses goûts pour la vie militaire étaient déjà prononcés ; mais ses études n'étaient que commencées, et il dut revenir au collége pour les reprendre. Il s'y trouvait lorsqu'eut lieu l'arrestation de Louis XVI à Varennes. Il a lui-même raconté cette circonstance de sa vie dans quelques lignes que voici :

« Autant il avait été flatteur pour moi, lors de l'affaire de
« Nancy, de porter le nom de Bouillé, autant proscrit et
« abhorré maintenant, m'exposait-il aux plus grands dangers
« dans ce premier moment d'effervescence populaire, nonobs-
« tant la garantie de l'insignifiance de mon âge. Je dus donc
« le quitter pour prendre celui de ma mère. Mon pauvre pré-
« cepteur en perdit la tête. Nous n'osions plus sortir de notre
« appartement, encore moins des murs du collége. Et je ne
« sais vraiment ce qu'il en serait advenu de moi, si le prompt
« retour de l'infortuné monarque dans sa royale prison des
« Tuileries, en calmant l'irritation de tous ces forcenés, ne
« nous avait rendu à nous, au bout de quelque temps, notre
« liberté perdue. Mais je n'en continuai pas moins à porter le
« nom de Leyritz ; assez pauvre incognito auquel mes cama-
« rades s'habituaient difficilement, et dont, sans y penser, ils
« me dépouillaient souvent, à telles enseignes qu'une fois, pen-
« dant que nous étions à jouer au Luxembourg, l'un d'eux,
« oublieux de la consigne, s'étant avisé de m'appeler à tue-tête
« par mon véritable nom, produisit tant de surprise et d'émoi
« parmi les promeneurs, que nous fûmes obligés de quitter im-
« médiatement le jardin et de nous esquiver au plus vite. »

Ce fut dans cette situation, faite à sa personne par les événements, que le jeune Bouillé quitta la France pour aller de dévouement. Il chargea M. de Bouillé d'une mission délicate et importante auprès de Bernadotte, alors prince royal de Suède. Il s'en acquitta avec autant de zèle que d'habileté.

Lorsque les événements de 1814 eurent ramené les Bourbons en France, M. de Bouillé s'empressa de se rendre à Nancy, auprès de Monsieur le comte d'Artois. Ce prince le fit son aide de camp. C'est en cette qualité que lors des Cent jours, il suivit Monsieur en Belgique. La seconde restauration le ramena en France avec ce prince, auprès duquel il jouissait d'une faveur méritée par les services de sa famille et par son dévouement éprouvé.

Lors du mariage de Monseigneur le duc de Berry, en 1816, Madame la comtesse de Bouillé fut nommée dame pour accompagner Madame la duchesse de Berry, à la personne de laquelle elle resta attachée jusqu'au moment où elle la suivit hors de France, après la révolution de juillet.

M. le comte de Bouillé, dont les talents militaires s'étaient si brillamment produits, comme nous l'avons vu, dans les Antilles, et dans l'Amérique du nord, fut nommé en 1823, après neuf ans de service comme officier supérieur et aide de camp de Monsieur, maréchal de camp. Deux ans après, M. le comte de Chabrol, ministre de la marine, le désigna à Charles X, pour remplacer le lieutenant-général comte Donzelot, dans le gouvernement de la Martinique. Le Roi souscrivit à ce choix, et M. de Bouillé partit pour son commandement.

Nul n'était plus propre que lui à remplir la mission qui lui était confiée, et qui ne consistait en rien moins qu'à porter à la Martinique et à établir un nouveau système d'administration qui déplaisait aux colons, et qu'ils ne recevaient qu'avec une soumission mêlée de répugnance. Mais les difficultés qu'avait à vaincre M. de Bouillé étaient bien amoindries par l'intérêt sympathique dont il était l'objet, intérêt qui était dû à son nom et à ses propres antécédents dans ces contrées. Il portait d'ailleurs avec lui le souvenir des conquêtes et de la renommée du marquis de Bouillé, gouverneur des Antilles pendant la guerre d'Amérique. Aussi la colonie lui fit-elle un accueil enthousiaste.

M. de Bouillé profita de cette heureuse disposition des esprits pour amener les colons à l'acceptation des réformes administratives qu'il leur apportait. Il eut le bonheur de se concilier leurs suffrages et d'obtenir leur concours pour l'exécution des ordres dont il était chargé. La colonie retira les plus grands avantages de son administration. Quand il y était arrivé, les finances étaient dans le plus déplorable état; le trésor était vide et même très obéré. A son départ le déficit était comblé, les dettes payées; les recettes du budget colonial étaient au niveau des dépenses, et il laissa de plus un boni considérable dans les caisses. Tous les établissements militaires avaient été réparés et augmentés; un vaste arsenal maritime était en construction. Un changement dans le système monétaire, longtemps différé à cause de ses difficultés, avait été promptement et habilement opéré. Lors du débarquement de M. de Bouillé à la Martinique, la fièvre jaune décimait la garnison alors très nombreuse. Le nouveau gouverneur prit de promptes et sages mesures pour arrêter le fléau, s'occupa avec une vive sollicitude du bien-être des troupes, en faisant agrandir et assainir les casernes et les hôpitaux, en se privant même de sa maison de campagne pour y loger les convalescents, en allant au devant de tous les besoins; et c'est ainsi qu'il parvint à faire disparaître cette cruelle maladie, qui ne reparut que bien des années après, et encore avec beaucoup moins d'intensité.

C'étaient là de grands résultats; ils étaient dûs à l'amour du devoir qui anima toujours M. de Bouillé, et qui ne cessa de diriger sa conduite à l'égard de lui-même, à l'égard des autres qu'il prit les armes, ce fut contre la sanguinaire oppression qui pesait et sur la France et sur ses colonies. Toutefois, au milieu de ces soldats étrangers il voulut faire honneur à son pays par son courage et sa conduite. Dans toutes les affaires auxquelles il prit part, il se fit admirer et applaudir des généraux et des officiers ses camarades, et reçut des marques particulières de satisfaction de S. A. R. le duc de Kent. Après la campagne, M. de Bouillé fut nommé enseigne dans le 64me régiment.

Mais la fièvre jaune se déclare dans l'armée anglaise et la décime. M. de Bouillé était alors en garnison au fort Royal, à la Martinique. Son régiment est réduit par le fléau à une cinquantaine d'hommes en état de porter les armes et à une demi-douzaine d'officiers pouvant faire le service. M. de Bouillé échappe à l'épidémie et il est fait lieutenant à l'ancienneté. La colonie est menacée d'être reprise par les républicains qui s'emparent de la Guadeloupe où domine Victor Hugues, le Robespierre de la colonie. Le peu d'hommes valides qui restaient du 64me sont incorporés dans un autre régiment. L'état major, les officiers et sous-officiers sont embarqués avec M. de Bouillé pour l'Angleterre.

A bord du navire se trouvaient une cinquantaine de républicains français, gens de sac et de corde qu'on avait faits prisonniers, et qu'on déportait. Dès qu'ils surent que M. de Bouillé était là, ils ne cessèrent jusqu'à leur arrivée en Angleterre de faire retentir à ses oreilles le couplet de la *Marseillaise* où son nom a la gloire de figurer comme celui d'un ennemi de la faction révolutionnaire qui plongea la France dans l'anarchie sanglante de 1793.

M. de Bouillé s'était trop vaillamment conduit dans la campagne qu'il venait de faire, pour qu'on ne s'empressât pas d'utiliser son mérite. Sir Robert Prescott, nommé gouverneur général du Canada et commandant en chef des forces anglaises de l'Amérique du nord, le prit pour son aide-de-camp. M. de Bouillé partit donc pour Québec où il passa trois années pendant lesquelles il fut appelé à remplir les fonctions de major de brigade, qui correspondent à celles de sous chef d'état-major en France.

De retour en Angleterre en 1799, M. de Bouillé alla rejoindre son régiment à Belfast, en Irlande; il y fut nommé capitaine. L'année suivante, il se trouva au camp de plaisance établi à Windsor pour distraire le vieux roi Georges III. Le 64me en faisait partie.

L'Angleterre n'avait pas abandonné sa guerre des Antilles; elle l'avait recommencée au contraire avec un surcroît d'énergie. M. de Bouillé fut appelé à y prendre part. Il partit pour cette seconde campagne et s'y signala d'une façon éclatante. A la prise par les Anglais des colonies danoises, suédoises et hollandaises, M. de Bouillé fut mis à l'ordre du jour de l'armée pour avoir grandement contribué à l'occupation de l'île Saint-Martin. C'est par ces faits d'armes que se termina la campagne.

La réputation militaire de M. de Bouillé y avait grandi, et devait nécessairement le conduire à une haute position dans l'armée. Mais le malheur des temps avait seul porté sa jeunesse à servir un pays qui n'était pas le sien. Il n'attendait qu'une occasion favorable pour abandonner le drapeau sous lequel il servait, et regagner le sol de la France. La paix d'Amiens vint la lui offrir. M. de Bouillé la saisit avec empressement. Qu'on juge de la joie avec laquelle il rentra dans ses foyers. Mais ce n'était pas pour y rester inactif. Il était trop attaché à la famille des anciens rois de France, pour ne pas offrir ses services à son infortune. Il alla donc la retrouver quelques années après dans l'exil. Plus tard, Louis XVIII trouva l'occasion d'utiliser son et à l'égard de son pays. La prospérité qu'il avait donnée à la Martinique, le zèle et la capacité qu'il y avait déployés ne pouvaient passer inaperçus aux yeux du gouvernement. — Charles X en récompensa M. de Bouillé en l'appelant à la Chambre des Pairs. Là, encore, M. de Bouillé trouva plus d'une occasion de servir les intérêts des colonies. A la session de 1829, il soutint leur importance au double point de vue maritime et commercial contre de prétendus hommes d'état qui osaient soutenir qu'elles n'étaient qu'une charge pour la métropole. M. de Bouillé fit entendre encore sa parole dans des débats où elle fut accueillie avec une faveur marquée par ses nobles collègues. Ceux-ci lui donnèrent une preuve de la considération qu'ils avaient pour sa personne, et du cas qu'ils faisaient de son mérite, en le nommant à l'unanimité l'un des quatre secrétaires de la haute chambre. Cet honneur était d'autant plus significatif, que l'opposition exerçait en ce moment une très grande influence parmi Messieurs les Pairs, et que M. de Bouillé était du nombre des défenseurs déclarés du trône.

La révolution de Juillet vint clore la carrière parlementaire de M. de Bouillé. Mais avant de quitter la haute chambre, il voulut s'y présenter une dernière fois pour protester contre le vote qui écartait l'abdication du roi en faveur de son petit-fils. M. de Bouillé était accouru auprès de Charles X dès que l'insurrection avait éclaté dans Paris. Il ne quitta momentanément ce prince, que le 3 août pour assister à l'ouverture des chambres, et pour faire à celle des pairs la protestation dont nous venons de parler. Quand on y proposa l'expulsion des pairs nommés sous Charles X, il déclara en peu de mots énergiques, qui lui valurent les applaudissements de l'assemblée, qu'il renonçait de son plein gré à ses droits et qu'il ne se considérait plus comme faisant partie de la Chambre. Cet acte accompli, M. de Bouillé accourut en toute hâte vers son roi proscrit. Il le rejoignit à Valognes et l'accompagna à Cherbourg.

M. de Bouillé n'était pas homme à vivre longtemps séparé du prince qu'il avait servi avec autant de fidélité que de patriotisme. Il ne tarda pas à se rendre auprès de Charles X à Édimbourg. Quand le roi quitta cette résidence, M. de Bouillé le suivit à Prague. Celui que la double abdication de son aïeul et de son oncle avait fait l'héritier du trône de Saint-Louis, venait d'atteindre sa quatorzième année. Il avait alors pour précepteur une des lumières de l'église de France, un pieux et éloquent évêque, Mgr. Frayssinous. Il lui fallait un gouverneur qui fût à la hauteur de la direction donnée à son éducation royale. Charles X le trouva en M. de Bouillé, dont il connaissait la droite et ferme raison, le dévouement éclairé et l'expérience consommée. Mais M. de Bouillé, qui comprenait toute l'étendue de la tâche qu'on voulait lui confier, fit tous ses efforts pour la décliner. Les sollicitations de Charles X l'emportèrent sur sa modestie et sur sa résistance. Le jeune prince trouva en M. de Bouillé un guide vigilant et sage.

A la mort de Charles X, M. de Bouillé fut maintenu dans ses fonctions de gouverneur par Monsieur le Dauphin. L'éducation de Mgr le duc de Bordeaux terminée, son gouverneur reçut en témoignage de satisfaction des mains de l'auguste fils de Charles X, le collier de l'ordre du Saint-Esprit. Ce prince honorait d'une confiance particulière M. de Bouillé ; il l'appelait souvent auprès de lui pour lui demander ses conseils. Ses sentiments pour M. de Bouillé étaient partagés par la fille du roi martyr. Elle lui fit l'insigne honneur de le désigner dans son testament comme l'un de ses exécuteurs testamentaires, quoiqu'il ne se trouvât pas auprès de cette admirable princesse quand elle dicta cet acte suprême. M. de Bouillé était digne à tous égards de l'affection dont l'honorait la maison de Bourbon. Il l'avait méritée par un dévouement à l'épreuve des plus mauvais jours. La royauté le trouva aussi fidèle dans l'exil qu'au milieu des splendeurs du trône. Son attachement pour elle semblait s'être accru en raison des malheurs qui l'avaient atteinte.

Ce noble cœur s'alliait à une intelligence vive et cultivée. M. de Bouillé aimait la littérature et les arts. C'est à lui qu'est dû le chant si populaire dont le refrain était, *Vive le Roi, Vive la France*. On peut dire que c'est la *Marseillaise de la monarchie*, tant l'enthousiasme qu'il respire se communique rapidement à ceux qui l'entendent. Il fit tressaillir la France entière au retour des Bourbons.

M. de Bouillé portait dans sa correspondance intime toutes les grâces de son esprit. On recherchait ses lettres, et ceux de ses amis qui ont connu ses poésies, s'accordent à leur reconnaître une distinction de goût qui décèle un véritable littérateur.

M. le comte de Chambord lui avait voué une reconnaissance dont il lui a donné les plus touchantes preuves dans les lettres qu'il lui a fréquemment écrites.

M. de Bouillé, qui sentait sa santé décliner, voulut profiter des forces qui lui restaient pour aller en 1852 porter au prince le dernier hommage de son dévouement. A son retour de Frohsdorff, il tomba malade, se mit au lit, et ne le quitta que pour la tombe. Il succomba le 7 juin 1853 à de longues souffrances supportées avec la résignation du chrétien. Il était âgé de 74 ans. Sa foi vive et pleine d'espérance adoucit ses derniers moments. M. de Bouillé avait trop bien rempli sa vie pour ne pas compter sur celui qui devait la récompenser.

Tous ceux qui ont connu cet homme de bien par excellence sont unanimes à le regretter. Il joignait les qualités les plus aimables aux vertus les plus austères. Sa piété profonde était empreinte d'une douceur séduisante; il était affable pour tous, et à le voir parler à ses inférieurs avec une politesse si bienveillante, ou eût dit qu'il s'adressait à des égaux. Aussi M. de Bouillé était-il entouré d'un respect et d'une affection qui lui ont survécu, et dont jouit encore sa mémoire.

Justin DUPUY.

LE CHANT FRANÇAIS

PAROLES DE

M. LE COMTE DE BOUILLÉ

(François-Marie-Michel)

—

I

Héros français, peuple brillant,
Né pour l'honneur et pour la gloire,
Ecoute encor le noble chant
Qui te guidait à la victoire !
Rappelle-toi ce doux refrain,
Signal d'amour et de vaillance
Pour les Roland, les Du Guesclin :
Vive le roi... Vive la France !

II

Il animait le preux Bayard
Alors qu'armé pour ta défense,
Aux lys il formait un rempart
De sa valeur et de sa lance.
Du preux sans reproche et sans peur
Conserve avec la souvenance,
Le vœu qui fut cher à son cœur :
Vive le roi... Vive la France !

III

Quand La Hire, le beau Dunois,
Aidés d'une faible amazône,
De Charles assuraient autrefois
Les hauts destins, les droits au trône,
Du Léopard quand ces guerriers
Trompaient la superbe espérance,
Ils portaient sur leurs boucliers :
Vive le roi... Vive la France!

IV

Ainsi quand ce jeune Nemours,
Emule du Dieu des batailles,
A peine au printemps de ses jours,
Trouvait d'illustres funérailles,
A Ravennes expirant vainqueur,
Objet de gloire et de souffrance,
Il criait bravant la douleur :
Vive le roi... Vive la France!

V

De même aux campagnes d'Ivri,
Marchant sur sa trace éclatante,
Les compagnons du bon Henri
Rendaient sa cause triomphante :
Heureux de s'immoler pour lui,
Sa gloire était leur récompense,
Et l'on chantait comme aujourd'hui :
Vive le roi... Vive la France!

La note que nous rapportons ici est extraite des papiers laissés par M. le comte de Bouillé :

« J'avais composé ces couplets à Londres peu avant la res-
« tauration sur l'air de la romance *le Roi des Preux, le fier*
« *Roland*. — Quelques jours après l'arrivée de Louis XVIII à
« Paris, en 1814, je la montrai à un de mes amis, qui fit faire
« par Persuis, habile compositeur de cette époque, une fort
« belle musique à mes pauvres paroles. Elles furent alors
« chantées à l'Opéra devant le roi et la famille royale et dans
« tous les théâtres de France, avec un tel succès qu'elles devin-
« rent, grâce à l'air véritablement fort beau qui les fait valoir,
« une espèce d'hymne national royaliste, que l'on entonnait
« dans toutes les grandes circonstances, une sorte de contre-
« partie de la *Marseillaise*, qui a malheureusement repris
« depuis les funestes journées de 1830, son ancienne et triste
« célébrité... Et chose assez singulière, il s'est trouvé que c'est
« justement moi, qui suis par hasard l'auteur du chant rival
« de cette *Marseillaise*, moi dont le nom y est voué à la
« proscription, par suite de la haine que les révolutionnaires
« portaient alors au marquis de Bouillé, mon cousin. — Au
« surplus, s'il y a une grande différence entre mes couplets et
« ceux de l'hymne de 93, pour ce qui est des principes qu'ils
« proclament, ils se ressemblent parfaitement en ceci, c'est
« que les paroles des uns et des autres sont des plus médiocres,
« tandis que les airs sont également magnifiques; tout le mé-
« rite en est donc aux musiciens plutôt qu'aux poètes. »

LETTRE

DU ROI LOUIS XIX

au

COMTE DE BOUILLÉ

(François-Marie-Michel)

PAIR DE FRANCE, AIDE DE CAMP DU ROI

CHARLES X.

—

Kirchberg, ce 4 Septembre 1837.

« Je ne veux pas vous laisser partir, mon cher comte, sans vous témoigner à quel point j'ai été content des services que vous nous avez rendus pendant le temps que vous avez dirigé l'éducation de mon neveu. Je suis sincèrement affligé que des circonstances indispensables vous aient mis dans le cas de me demander votre remplacement dans une place où la confiance de mon père vous avait appelé. Je regrette que ma position ne me permette pas de vous donner un témoignage marquant de toute mon estime et affection.

« LOUIS. »

LETTRE

DE MGR LE DUC DE BORDEAUX

au

COMTE DE BOUILLÉ

(François-Marie-Michel)

PAIR DE FRANCE, AIDE DE CAMP DU ROI

CHARLES X.

—

Kirchberg, ce 5 Septembre 1837.

« Mon cher Monsieur de Bouillé, je ne saurais vous exprimer combien j'ai de regret que vos affaires vous obligent à vous éloigner de nous. Mais avant votre départ, j'éprouve le besoin de vous témoigner ma reconnaissance du généreux et loyal dévouement avec lequel vous avez servi et accompagné partout le Roi Charles X, mon grand'père, jusqu'à son dernier soupir ; des soins que vous avez pris de moi, et des sages conseils que vous n'avez cessé de me donner dans toutes les circonstances où je pouvais en avoir besoin. Je veux vous exprimer encore combien je prends part à tous vos chagrins et à tout ce qui vous touche, et les vœux que je forme pour que les inquiétudes que vous cause la santé de votre cher fils, soient bientôt dissipées.

« Du reste, je puis vous assurer que votre souvenir me suivra partout, et que je me rappellerai toujours les services que vous m'avez rendus. J'espère encore que vous pourrez un jour revenir auprès de nous, et je serai heureux de toutes les occasions que j'aurai de vous renouveler l'expression de mon amitié, de ma reconnaissance et de mon sincère et constant attachement.

« HENRI. »

LETTRE

DE M. LE DUC DE BLACAS

au

COMTE DE BOUILLÉ

(François-Marie-Michel)

PAIR DE FRANCE, AIDE DE CAMP DU ROI

CHARLES X,

lui annonçant que le roi Louis XIX lui a accordé l'Ordre du Saint-Esprit.

« Monsieur le Comte, le Roi, en vous accordant la permission de vous retirer, vous a déjà exprimé de vive voix et par écrit tous les regrets que lui causait votre retraite. Toutefois, Sa Majesté voulant vous donner avant votre départ une preuve de sa bienveillance particulière, et vous témoigner combien elle apprécie votre fidèle dévoûment envers le Roi, son auguste père, ainsi que vos services auprès de son bien-aimé neveu, M. le duc de Bordeaux, m'a chargé de vous annoncer qu'elle vous a nommé *Chevalier Commandeur de ses Ordres.*

« En conséquence, vous serez présenté en cette qualité au

premier chapitre du dit ordre qui sera tenu, et vous recevrez aussitôt après l'habit et les insignes de ses ordres, car telle est sa volonté.

« Je me félicite d'avoir à vous transmettre ce nouveau témoignage de la justice que le Roi daigne rendre à vos bons et loyaux services, et je saisis cette occasion de vous offrir l'assurance bien sincère de tous les sentiments avec lesquels j'ai l'honneur d'être, etc.

« BLACAS D'AULPS.

Plus bas, Approuvé :

Kirchberg, le 4 Septembre 1837.

« LOUIS. »

AUTRE LETTRE

DU ROI LOUIS XIX

au

COMTE DE BOUILLÉ

(François-Marie-Michel)

PAIR DE FRANCE, AIDE DE CAMP DU ROI

CHARLES X.

—

Kirchberg, le 3 Septembre 1839.

« J'ai eu le plaisir de recevoir, mon cher comte, votre lettre du 15 août : je vous remercie de tous les vœux que vous voulez bien former à l'occasion de ma fête ; j'y suis très sensible, ainsi qu'à tous les sentiments que vous me témoignez. Je sais les apprécier et combien ils sont purs. Nous sommes au moment de retourner à nos quartiers d'hiver; nos santés se soutiennent; nous avons ici en ce moment beaucoup de visiteurs. Je me suis acquitté de vos commissions pour ma femme ; elle me charge de mille choses aimables pour vous.

« Adieu, mon cher comte, comptez pour la vie sur toute l'estime et l'affection que je vous ai vouées.

Signé : « LOUIS. »

P. S. — Si j'avais besoin de vos services, je n'hésiterais pas à les accepter.

LETTRE

DE M. LE COMTE DE CHAMBORD

A

Mme LA COMTESSE DE BOUILLÉ

à l'occasion de la mort de son mari, le Comte de Bouillé,

(François-Marie-Michel)

—

« J'apprends, Madame la Comtesse, l'affreux malheur qui vient *de nous frapper,* et je ne veux pas différer un moment à vous exprimer toute la part que je prends à votre affliction profonde. Je perds moi-même dans M. de Bouillé un de mes plus anciens et de mes meilleurs amis, un de mes fidèles compagnons de mon trop long exil, un de ceux enfin qu'il m'eût été si doux de revoir près de moi dans les jours heureux que nous attendons... Le souvenir de tout ce que je lui dois, vivra éternellement dans mon cœur. Jamais je n'oublierai le caractère si aimable, l'esprit si fin, le cœur si noble, le dévouement si admirable de celui que nous pleurons... La seule consolation qui nous reste est de penser qu'il est allé recevoir dans le ciel la récompense de ses vertus et des souffrances de ses dernières années.

« Ma femme, qui partageait pour lui tous mes sentiments, me charge de vous dire qu'elle s'associe comme moi, du fond de son âme, à votre juste douleur. Nous espérons tous les deux que votre santé ne sera pas trop ébranlée d'un coup aussi cruel. Soyez dans cette triste circonstance mon interprète auprès de votre fils et de toute votre famille, et recevez, Madame la Comtesse, la nouvelle assurance de toute mon affection.

« HENRI. »

« Frohsdorf, le 13 juin 1853.

LETTRE

DE M. LE COMTE DE CHAMBORD
AU
COMTE GASTON DE BOUILLÉ

En réponse à celle par laquelle il lui avait fait part de la mort de son père.

« Aussitôt que j'ai appris la perte douloureuse que *nous venons de faire*, je me suis empressé, mon cher Gaston, d'écrire à votre mère pour m'associer à votre affliction et à vos justes regrets; je veux aujourd'hui en vous remerciant de votre bonne lettre, vous dire combien j'en ai été touché. Oui, vous êtes le digne fils de celui que j'aimais tant, que je pleure avec vous, et dont la vie si belle et si pure, a été terminée par une si sainte mort.

« Je n'oublierai jamais, croyez-le bien, tout ce que je dois à votre excellent père, son dévouement sans bornes au roi Charles X et à toute ma famille, et les soins paternels dont il a entouré ma jeunesse. La dernière lettre qu'il a dictée pour moi et signée d'une main tremblante l'avant-veille de sa mort, m'a profondément ému; je la garde comme un souvenir bien précieux et bien cher. On y retrouve tout son noble cœur, et ces sentiments d'une fidélité chevaleresque dont il était le plus parfait modèle.

« Je sais que ces sentiments revivent en vous, que vous en avez religieusement recueilli l'héritage pour le transmettre vous-même à vos enfants, et qu'en toute occasion je puis compter sur vous comme je comptais sur lui. Soyez convaincu du plaisir que nous aurons à vous voir quand vous mettrez à exécution votre projet de venir nous faire une visite.

« Recevez, en attendant, mon cher Gaston, la nouvelle assurance de ma bien sincère affection.

« HENRI. »

« Frohsdorf, le 22 Juin 1853.

ERRATA.

Page 15. — (Note). Au lieu de *cette seconde alliance*, il faut lire : *cette dernière alliance*.

Page 19. — Une erreur pourrait bien avoir été commise au sujet de ce l'Hermite de la Faye, chambellan du roi, sénéchal de Nismes et de Beaucaire, en 1413. On serait porté à croire qu'il n'était pas *Bouillé*, en son nom, mais beau-père de Guillaume de Bouillé, 3me du nom, qui devint possesseur du dit fief de La Faye, par suite de son mariage avec *Béatrix de Montravel*, fille de noble et puissant messire Guy de Montravel, seigneur de La Faye, surnommé *l'Hermite de la Faye*. — Ce fut seulement un des fils de Guillaume III qui prit le premier le nom de *l'Hermite de La Faye*, que ses enfants continuèrent à porter.

Page 38. — Article Ordres Étrangers. — Au lieu de : Avant la révolution de 1789, il était fort rare que des Français fussent décorés d'ordres étrangers. A l'exception de la Toison d'Or, ils en faisaient ordinairement fort peu de cas et n'en sollicitaient jamais. — Il faut lire : Avant la révolution de 1789, il était fort rare que des Français fussent décorés d'ordres étrangers, à l'exception de la Toison d'or; ils en faisaient ordinairement fort peu de cas et n'en sollicitaient jamais.

Page 40. — Ordre de Danebrog de Danemarck. — Au lieu de *commandeur*, lisez : *grand'croix*.

Page 42. — Ligne 15, au lieu de : *faire affermer*, il faut lire : *faire affirmer*. — Ligne 19, au lieu de : *fait affermer*, il faut également lire : *fait affirmer*.

Page 48. — L'article de Roberte de Bouillé devrait se trouver page 45.

Page 81. — Au lieu de 10 novembre, lisez : 11 novembre.

Page 105. — Au lieu de : Illustrissime *et* révérendissime, lisez : Illustrissime *et* révérendissime.

Page 113. — Au lieu de : *vicomte d'Agoult*, lisez : *comte d'Agoult*.

Page 116. — Le nom de *Clérembault* se trouve écrit *Clairembaut* à la page 46. On ignore comment il doit s'écrire. Le président Hénault l'écrit d'une troisième manière : *Clairambaut*.

Page 118. — Au lieu de : Hautefort-Montignac *(de)*, lisez : Hautefort-Montignac *(d')*.

Page 123. — De nombreuses fautes contre les règles de la langue latine se trouvent dans les actes rapportés pages 123, 124, 125, 126, 127 et 128. Certains mots n'ont même jamais été latins. On ignore si ces fautes sont le fait du copiste, ou si elles existent dans les titres originaux. Pour s'en assurer, il eût fallu prendre connaissance de ces derniers à la Bibliothèque Impériale, ce qu'on n'a point été à même de faire.

Page 137. — Au lieu d'*Antoine de Magnolais*, lisez : *Antoine de Maignelais*.

Page 188. — Quatrième couplet, au lieu de *opprobe*, lisez : *opprobre*.

BORDEAUX. — Imprimerie A.-R. CHAYNES, rue Montméjan, 7.

www.ingramcontent.com/pod-product-compliance
Lightning Source LLC
Chambersburg PA
CBHW051914160426
43198CB00012B/1890